«SOLO PIDO JUSTICIA» Franklin Brito

cedice
Libertad
IDEAS EN ACCIÓN

FRANKLIN BRITO
ANATOMÍA DE LA DIGNIDAD
Faitha Nahmens Larrazábal

1ª edición, 2020

Coordinación editorial
Rocío Guijarro
Texto
Faitha Nahmens Larrazábal
Revisión de originales
Jorge Gómez
Corrección
Alberto Márquez
Diseño
ABV Taller de Diseño
Waleska Belisario

© Centro de Divulgación
del Conocimiento Económico
«Cedice»
Hecho el depósito de Ley
Depósito Legal DC2020000121
ISBN: 978-980-7118-87-3

Caracas, Venezuela, 2020

El Centro de Divulgación el
Conocimiento Económico, A.C.
Cedice Libertad, tiene como objetivo
principal la búsqueda de una sociedad
libre, responsable y humana. Las
interpretaciones, ideas o conclusiones
contenidas en las publicaciones de
Cedice Libertad deben atribuirse a
sus autores y no al instituto, a sus
directivos, al comité académico o
a las instituciones que apoyan sus
proyectos o programas.
Cedice Libertad considera que la
discusión de las ideas contenidas en
sus publicaciones pueden contribuir a
la formación de una sociedad basada
en la libertad y la responsabilidad.
Esta publicación puede ser
reproducida parcial o totalmente,
siempre que se mencione el origen y
el autor, y sea comunicado a Cedice
Libertad.

CEDICE LIBERTAD
Av. Andrés Eloy Blanco (Este 2)
Edificio Cámara de Comercio de
Caracas. Nivel Auditorio,
Los Caobos, Caracas, Venezuela.
Teléfono: +58 212 571.3357
Correo: cedice@cedice.org.ve
www.cedice.org.ve
Twitter: @cedice

RIF: J-00203592-7

FRANKLIN BRITO
ANATOMÍA DE LA DIGNIDAD

Faitha Nahmens Larrazábal

Agradezco a José María «Chema» Cadenas y a
Pablo Peñaranda, que me impulsaron a escribir esta historia
cuando soñaban con la editorial La Nave de Libros. Mejores
tiempos vendrán. Hacia allá navegamos.

A Rocío Guijarro y al equipo de Cedice, por la confianza y
el esfuerzo invertido para hacer realidad este trabajo; a las
fuentes consultadas y a la familia Brito, a quienes dedico
Anatomía de la dignidad.

PRESENTACIÓN

Franklin Brito valoró por encima de todo sus principios. Vivió y murió por ellos. Defendió la propiedad privada, fundamento esencial de la libertad, con su vida.

Podría haber claudicado. Sus sufrimientos físicos y morales fueron atroces, tanto para él como para su familia y para muchísimos venezolanos que seguimos con grave preocupación los pormenores de su situación. Debemos reconocer su valor. Su vida la ofrendó a la sociedad.

Hoy, Franklin es guía y nos asombra que habiendo pasado tantos años de su sacrificio lo tenemos siempre presente. Su legado no fue físico, fue moral. Su ejemplo es invalorable.

Su vida le fue arrebatada por el proyecto político que ocupa a Venezuela y que ha destruido nuestro país convirtiéndolo en tierra arrasada.

Desde Cedice Libertad se reconoce en Franklin al valiente, al ícono, a quien supo sacrificar todo. Haciéndolo se agigantó entre todos y es un verdadero ejemplo del que estamos todos agradecidos.

Sin propiedad privada no puede haber libertad.

Gracias, Franklin.

Oscar García Mendoza

PRESENTACIÓN CEDICE

¿Por qué el Observatorio de Derechos de Propiedad, de
Cedice, publica este libro de Faitha Nahmens sobre el cúmulo
de fatalidades que terminaron con la vida de Franklin Brito?
Por una razón muy sencilla: cuando llegue el momento de
los balances, es posible que la historia de Brito marque un
hito, un parteaguas, un antes y un después en materia de
derechos de propiedad en lo que ha sido la historia de la
revolución bolivariana desde la llegada de Hugo Chávez al
poder, en 1998. La violación de los derechos de propiedad no
comenzó con Franklin Brito ni, en términos económicos, su
«caso» tiene características de significación por la cuantía de
recursos en juego. Este ingrediente no hace sino añadir una
sombra más al drama que, por ejemplar, revela la perspectiva
de un gobierno que intenta legitimar la expoliación de tierras
por una ideología de carácter «socialista», y termina con el
sueño, la vida y el trabajo de un hombre sencillo, un hombre
del pueblo que, si a ver vamos, apenas tenía una porción de
tierras al sur de Venezuela, en el estado Bolívar, dedicadas
al cultivo de la patilla. En lo que sí es por completo original
el caso de Brito y así quedará asentado en la historia, en
buena parte gracias a la capacidad periodística de la autora
y al poder de su escritura, es en el de ser el primer hombre
que en Venezuela muere por causa de una huelga de hambre
asumida en defensa de su derecho de propiedad y el de todos
los venezolanos.

La restitución y reparación del derecho de propiedad es un
proceso político, legislativo y administrativo mediante el que
el Estado regresa a los ciudadanos que han sido despojados
la titularidad de sus bienes, por lo que la documentación del
caso de Franklin Brito y el establecer la verdad de lo sucedido,

es el primer paso para procurar tanto la justicia como las garantías de no repetición, siendo estas dos condiciones fundamentales para el rescate de la libertad y la democracia en Venezuela.

Brito nos enseña con el ejemplo de su vida y su muerte, que estas páginas rescatan y proyectan para la historia: los derechos no se pueden negociar. Se reclaman, se sostienen, se lucha por ellos. Nahmens lo precisa con toda claridad en la limpieza del título de este libro: *Franklin Brito: anatomía de la dignidad*.

Observatorio de Derechos de Propiedad

FAITHA, LA VOZ INDICADA

José Pulido

El libro titulado *Franklin Brito: anatomía de la dignidad*, escrito por Faitha Nahmens Larrazábal, es algo profundamente venezolano que yo salvaría para cuando el aporreado cuerpo de este país necesite su alma completa y su espíritu admirable.

Es algo profundamente venezolano porque representa la dignidad y la nobleza con que un ciudadano enfrentó todos los látigos de la injusticia, hasta convertirse él mismo en territorio: Franklin Brito se volvió Venezuela. Llano y montaña maltratados; litoral y selva maltratados. Barrios, aldeas y ciudades maltratados.

En el crimen cometido en su persona, se ha retratado el crimen cometido contra una nación; en Franklin Brito se ensañó la perversión que se ha enquistado en este tiempo nacional; encima de su vida ha bailado la crueldad burlona y cínica que ha intentado destruir los valores de la sociedad. Franklin Brito entregó su vida para demostrar que los derechos morales son invencibles: las tiranías no pueden con eso. No son posibles el borrón y la cuenta nueva. El dolor se transforma en memoria para siempre. La muerte de ese hombre graduó de dictadura a la dictadura.

Franklin Brito se apegó a la Constitución, a las leyes, a los Derechos Humanos. Y la dictadura lo aplastó sin mirar esos mandatos legales, lo desangró encima de la Constitución y lo masacró usando como piedra sacrificial los Derechos Humanos.

Pero el cuerpo y el alma de Brito se levantaron como una bandera imbatible. El que no se defiende fortalece a los criminales y él siempre se defendió con lo único que tenía: su ciudadanía, su humanidad.

El libro titulado *Franklin Brito: anatomía de la dignidad*,
es eso precisamente: la anatomía de la dignidad y llega
completamente a su destino, al corazón más recóndito y
honorable de la historia, porque lo ha escrito una mujer
llamada Faitha Nahmens Larrazábal, cuyo nombre: Faitha,
ha resaltado como un himno de sensibilidad femenina y
de nobleza incesante en las salas de redacción de diarios y
revistas. Y cuyos apellidos, Nahmens Larrazábal, informan de
su cultura y su dignidad, aunque ella sola se ha bastado para
dejar bien claro que es una periodista y narradora que jamás
cesa en la búsqueda de la verdad. Lo ha hecho cotidianamente
con armonía, belleza y justicia. Faitha se caracteriza por su
amor hacia la paz y el conocimiento.

Faitha Nahmens Larrazábal comienza el libro así:

«La báscula se detiene en el mítico 33. Son los kilogramos
que pesa Franklin José Brito Rodríguez cuando, pasadas
las 9 de la noche del lunes 30 de agosto de 2010, exhausto y
consumido, luego de permanecer casi nueve meses internado
contra su voluntad en el Hospital Militar Carlos Arvelo de
Caracas, es declarado clínicamente muerto por los médicos a
cargo; de seguidas dan el parte a la familia».

(Y a continuación muestra el sentir de la familia que es el
sentir de ella también y de todos los venezolanos que hemos
sufrido esa muerte, como si el Ávila se hubiese desbarrancado
y el Salto Ángel se hubiese secado de repente).

*«Sentí como un desgarramiento, un dolor inmenso aquí, en
el pecho. Rompimos en llanto. No lo podíamos creer».*

Faitha se transforma en la voz más pura, valiente y honorable
que podía representar al periodismo y a la escritura de
nosotros, en ese trance necesario de contar lo que ha sucedido
con Franklin Brito, que no es nada ordinario: se trata de
un doloroso acontecimiento que significa mucho para la
sobrevivencia del honor y la moral del ser humano en este país.

Así como muchos se han hundido en el lodazal y la desvergüenza, como para que digamos algún día «jamás debemos actuar de esa manera», Brito dejó su último aliento en la lucha por trascender como ejemplo valioso de la más alta decencia.

Faitha Nahmens Larrazábal es la voz indicada para expresar a ese ser humano excepcional, porque ella también es excepcional. Posee el tono del coraje, la afinación de la mujer que lucha con conocimiento de causa y poesía porque prevalezca lo cierto.

¿Hay que decir más? Solo puedo manifestar mi admiración y respeto por una colega que retrata así, a un ser humano llamado Franklin Brito:

Cuerpo lacerado y humillado, cuerpo descarnado que yace como el de un Cristo, cuerpo ofrendado gramo a gramo, y que se extingue de mengua tras el extenuante rosario de inmolaciones, se convierte en una síntesis elocuente del trance vivido.

Le cerré los ojos.

Cuerpo seco y desolado que por fuerza sucumbe, se transforma, paradójicamente, en la más palmaria expresión de su indoblegable voluntad.

Pero la más desesperada era Ángela.

Cuerpo que es un lacónico rictus, cuerpo afilado y punta de lanza, cuerpo marchito picoteado de agujas y extraviado bajo la madeja de tubos, se transfigura de inmediato en imagen inmortal.

Y a continuación y a cada rato, en cada página, echa el cuento de lo que ha sucedido realmente. Con su voz de narradora transparente y sincera. Porque Faitha Nahmens siempre ha contado de manera magistral lo hermoso y lo terrible que le ha sucedido a Venezuela.

Después de leer este libro me he sentido totalmente culpable de no haber estado al lado de ese hombre, defendiéndolo de tanta maldad. Y tengo conciencia de que su tragedia se ha multiplicado, se ha vuelto millones de tragedias. La tuya, la suya, la mía.

«Para que podamos rezar por los muertos torturados tenemos que aprendernos de memoria sus nombres y pronunciarlos, a millones, en un incesante réquiem de nombres», dijo una vez George Steiner, aludiendo al libro *Archipiélago Gulag*, de Solzhenitsyn.

El libro titulado *Franklin Brito: anatomía de la dignidad*, sonará sin cesar como las campanas más contundentes que hayan repicado, porque es definitivamente un inmenso e interminable réquiem.

Un réquiem por los muertos de esta nefasta época, que nunca morirán en el olvido, porque Franklin Brito sigue pidiendo justicia y mantiene abiertas hasta nuevo aviso todas las tumbas.

NO HAY FICCIÓN EN FRANKLIN BRITO

Rodolfo Izaguirre

¡Faitha Nahmens escribe sobre Franklin Brito y al hacerlo, investiga y propone!

Toma en sus manos una historia, entra en ella, remueve memorias, descubre o encuentra rostros, fechas, acontecimientos; toma notas rigurosas, retrata a los personajes que van apareciendo con sus nombres y apellidos e invade nuestras mentes lectoras y transcribe pensamientos, pasiones y emociones de otros tiempos, perversidades y degradaciones, y con semejante material, como si fuese el resultado de una nueva alquimia, como si se tratara del guion literario de una posible película, Faitha abre las compuertas de su libro y se abraza a los personajes que surgen como figuras de un drama cuya magnitud de horror y crueldad electriza al lector y le ayuda a mantener viva la valentía de un hombre víctima de la conducta nefasta de un poder político inicuo e infernal.

En uno de sus primeros textos poéticos, Hanni Ossott observó que la memoria es como una vasija que guarda visiones, rachas de sentimiento, tensiones, imágenes y afirmó (lo hace ahora Faitha Nahmens), que la salvación de un libro es posible no solo desde el punto de vista artístico, estético y literario, sino también tomando en cuenta los contenidos que investiga, las visiones del mundo que propone.

Es lo que resalta e importa de este libro que cuenta el drama que padeció Franklin Brito, los venezolanos de honor y en primer lugar su desdichada familia.

La historia es simple pero densa y de múltiples resplandores y resonancias. Tan simple que puede reducirse a pocas frases: un honesto agricultor tropieza con el alcalde de la región donde se ubica la finca que ha comprado y el alcalde,

vinculado al régimen chavista, es decir, a la dictadura militar
que se ha apoderado del país, logra neutralizar autoritaria y
arbitrariamente todos los argumentos y mecanismos jurídicos
que esgrime el agricultor para defender sus derechos. Fracasa
las veces que trata de apoyarse en la huelga de hambre para
reafirmar una sorprendente valoración de desobediencia
civil. En un país de ardor tropical, el conflicto se convierte en
una masa de hielo que cae de la montaña y determina que el
régimen expropie la finca y considere al agricultor enemigo
del gobierno, es decir, un ser perverso y fuera de la ley. Al final,
el agricultor deshecho físicamente es conducido al Hospital
Militar Carlos Arvelo de Caracas y atendido en apariencia con
celo profesional, pero no tarda en reconocer que se encuentra
en la cárcel y allí, en manos de aquellos médicos, va a morir.

Faitha Nahmens, armada de un escalpelo, disecciona la historia
de Franklin Brito, el agricultor, y ofrece minuto a minuto,
segundo a segundo, los escalofriantes pasos de la infamia sin
omitir ningún detalle. Describe incluso la piel de Brito fatigada
a una secuencia de huesos adherida, una figura devastada,
quebrantada, deshabitada, cundida de escaras. Antes de
morir, Franklin tomó las manos de Elena y le dijo: Ten fe, Elena,
volveremos a Iguaraya, tú verás, no me dejarán morir.

Su cuerpo, al morir, pesaba 33 kilos pero cuando la dolorosa historia
comenzó pesaba 105, lo que no le hace justicia a lo inmensurable
que comienza a ser su peso histórico, el de su epopeya; siete años
de resistencia pacífica que acreditan el calificativo.

La historia de Franklin Brito es un río de varios brazos. Es
el relato de una desventura; la crónica de una perversión; el
hilo de la oprobiosa conjura de un régimen militar contra
un pacífico agricultor, el diagnóstico de la muerte de un ser
ya desangelado. Pero Faitha Nahmens logra el hechizo, la
conversión. La historia que se inicia en el sector La Tigrera, en
el municipio Sucre del estado Bolívar, a 220 kilómetros al oeste

de Ciudad Bolívar y a quince minutos en carro de Iguaraya, la finca de Franklin Brito, alcanza la altura de una tragedia que Sófocles habría escrito a gusto porque Faitha estructura este libro como si se tratara, en efecto, de una tragedia griega.

Su argumento es la caída de un personaje importante. Elena, la esposa, hoy viuda inconsolable pero de recio carácter, y los cuatro hijos del matrimonio, así como todos los personajes secundarios que testimonian a favor o en contra actúan como un Coro que afirma, explica, resume o aclara lo que exalta el relator en relación a la dramática suerte del personaje central. Uno de ellos, la filósofa y profesora de la Universidad Central de Venezuela, María Eugenia Cisneros Araujo, hundida entre textos legales y apuntes relacionados con el caso Brito que estudia con pasión, dice que la democracia es fondo y forma, sin duda, y el caso de Franklin Brito revela lo sometida que está y en cuánto se ha reducido. Su ejercicio tiene que ver con derechos asumidos, con respeto compartido y convenido, con escuchar, con autonomía en la toma de decisiones, con la búsqueda de justicia y su aplicación equitativa, con el bienestar común, con libertad y, muy importante, con un estado de conciencia de lo plural asumido colectivamente, pero jamás con arbitrios que subyuguen a unos en perjuicio de otros. La democracia no es la imposición de la mayoría sino el derecho a ser de las minorías. Está en la acera contraria de la exclusión, ay, tan cacareada. Menos tiene que ver con despojos, depredaciones y ultrajes impuestos por encima de la ley ¡desde la venganza! Eso es resentimiento.

Faitha reconoce que no es aconsejable convertir en literatura una historia tan dura, real y áspera como la de Franklin Brito. Se domina y el escalpelo que ha servido para diseccionar una dignidad también le sirve para viviseccionar su propia escritura a la vez que eleva a Franklin al más alto nivel de la leyenda, y envía y sepulta al régimen que le desgarró el alma al inframundo de los seres reptantes y larvarios.

Hizo seis ayunos prolongados en más de dos mil 100 días. Luchó por el derecho a la propiedad y al trabajo. Fue tildado como "loco" y nunca vio la solución de sus justas demandas.

Abraham Puche
(LUZ 2002) apuche@versionfinal.com.ve

El productor agropecuario fue el precursor de las huelgas de hambre contra el Gobierno

Franklin Brito: ¡Primer mártir de la Venezuela bolivariana!

Las recientes huelgas de hambre de los universitarios en las sedes de la Organización de Estados Americanos (OEA) en Caracas, y del Programa de las Naciones Unidas para el Desarrollo, tuvieron su inspiración en un hombre sencillo que luchó hasta el final de sus días contra un sistema gubernamental silente: Franklin Brito.

Aunque algunos funcionarios "bolivarianos" lo tildaron de enajenado, lo cierto es que se convirtió en ícono de la protesta firme y pacífica. Incluso, muchos lo catalogan como un mártir de la resistencia civil.

Recordemos quién fue este humilde trabajador de la tierra, que luego se convirtió en el primer venezolano en morir por el derecho a la propiedad privada en los 12 del actual Gobierno nacional.

24 DE NOVIEMBRE DE 2004
Franklin Brito realizó su primera huelga de hambre en la plaza Miranda de Caracas. Medía 1.85 cms y pesaba 105 kilos. Reclamó por su despido del Instituto Agrícola Municipal donde trabajaba como educador, además de la suspensión de su sueldo. También quiso llamar la atención del Gobierno Nacional para recuperar su fundo La Iguaray, ubicado en la parroquia Guarataro del municipio Sucre del estado Bolívar, al que no tenía acceso desde el 28 de mayo de 2003 porque los terrenos previos a la entrada del fundo fueron despojados por medio de una carta agraria a favor de sus vecinos Rafael D'Amico y Concepción Antoima. Consideró que se violaron sus derechos a la propiedad. **1**

3 DE DICIEMBRE DE 2004
Brito cesó su huelga de hambre, luego que una comisión enviada por Miraflores se comprometió a resolver sus exigencias. **2**

7 DE JULIO DE 2005
Franklin Brito retomó la huelga de hambre tras el incumplimiento de lo que se había acordado. Esta vez se cosió la boca para reforzar su protesta. **3**

10 DE NOVIEMBRE DE 2005
Ante las cámaras de televisión, Brito se amputó el dedo meñique de la mano izquierda, y amenazó con cortarse el resto de los dedos si el presidente Hugo Chávez no designa una comisión que investigue su caso. **4**

15 DE NOVIEMBRE DE 2005
El entonces ministro de Interior y Justicia, Jesse Chacón, informó a Brito que la cartera de Educación reconocía su deuda laboral, y que el Instituto Nacional de Tierras (Inti) reconocería la propiedad de su fundo por medio de una carta agraria. También se comprometió a resarcir los daños a sus cultivos y desalojar a los ocupantes de sus tierras. **5**

24 DE NOVIEMBRE DE 2006
Poco más de un año después, Franklin Brito reinició su tercera huelga de hambre, reclamando que el Inti pretendía que firmara un documento, donde tenía que aceptar que las cartas agrarias otorgadas previamente a los vecinos de su fundo no le afectaron sus tierras, y que su hato no había sido invadido. Suspendió su protesta 28 días después. **6**

7 DE MARZO DE 2007
Brito comenzó su cuarta huelga de hambre, esta vez frente al Tribunal Supremo de Justicia, donde introdujo un recurso de amparo. El máximo organismo rechazó su pedido pero instó al Inti a resolver su situación. Pocos días después culminó su huelga. **7**

2 DE JULIO DE 2009
Franklin Brito retomó el ayuno, la quinta vez en menos de cinco años. Se acodó en las afueras de la sede de la OEA, en el mismo sitio donde 19 meses después se apostaron unos jóvenes universitarios para exigir la liberación de los presos políticos del país. El productor agropecuario reclamó que el Inti no había resuelto su situación. La huelga se extendió por 154 días. Aunque el Inti anuló las mencionadas cartas agrarias, Brito consideró que el acto no se hizo de manera legal. **8**

13 DE DICIEMBRE DE 2009
Efectivos de la Policía Metropolitana se llevaron forzadamente a Brito al Hospital Militar. Se negó a recibir alimentos y atención médica. Al día siguiente, la Defensora del Pueblo, Gabriela Ramírez, aseguró que Brito "no estaba en condiciones mentales adecuadas"; no obstante, la Cruz Roja, el Hospital de Clínicas Caracas y el Colegio de Psicólogos de Venezuela aseguraron lo contrario. **9**

27 DE DICIEMBRE DE 2009
Brito envió un documento a la Comisión Interamericana de Derechos Humanos, solicitando su intercesión. El 14 de enero de 2010, el organismo emitió una medida cautelar para instar al Gobierno venezolano a que permitiera que Brito recibiera atención de un médico de su confianza, ofrecido por la Cruz Roja Internacional. **10**

1 DE MARZO DE 2010
Brito inició su sexta huelga de hambre, argumentando que el Inti no había cumplido con lo acordado, y en protesta a que no se le permitía su salida del Hospital Militar. El cinco de junio radicalizó su protesta, al negarse a tomar suero. **11**

12 DE AGOSTO DE 2010
El productor anunció que suspendería el suero, y que únicamente tomaría agua. Cinco días después, su hija Ángela informó que el huelguista pesaba 38 kilos, y que su masa corporal no era ni el 10% de cuando comenzó su primera protesta. El 20 de agosto cayó en estado de coma. **12**

30 DE AGOSTO DE 2010
Murió Franklin Brito, sin que el Inti cumpliera totalmente los acuerdos previamente suscritos. Días después, representantes del Gobierno aseguraron que Brito optó por el suicidio. **13**

2 DE SEPTIEMBRE DE 2010
La Fiscal Luisa Ortega Díaz ordenó unas investigaciones para determinar si los familiares de Brito supuestamente lo instaron al suicidio.

2.101 días

Fue la duración total de sus protestas. Soportó seis ayunos prolongados, sin obtener respuestas satisfactorias.

1 | EL QUIJOTE QUE SE MARCHA

La báscula se detiene en el mítico 33. Son los kilogramos que pesa Franklin José Brito Rodríguez cuando, pasadas las 9 de la noche del lunes 30 de agosto de 2010, exhausto y consumido, luego de permanecer casi nueve meses internado contra su voluntad en el Hospital Militar Carlos Arvelo de Caracas, es declarado clínicamente muerto por los médicos a cargo; de seguidas dan el parte a la familia.

Sentí como un desgarramiento, un dolor inmenso aquí, en el pecho. Rompimos en llanto. No lo podíamos creer.

Abatidos, el corazón en la boca, Elena de Brito y los cuatro hijos, Francia, Ángela y los gemelos Franklin José y José Franklin, impelidos por aquel mazazo, van en tropel al desangelado espacio del área de terapia intensiva donde estaba recluido el porfiado agricultor, el biólogo que desafió al *statu quo*, el agraviado pacifista de las nueve huelgas de hambre. Frío inmenso.

No, no era este el desenlace que imaginábamos, ¡por supuesto que no! Aunque parezcamos unos ilusos, la verdad es que nunca perdimos la esperanza. Hasta el último minuto creímos que él se iba a reponer y que por fin se arreglarían las cosas.

Descarnado, sucinto, casi etéreo, una línea tan vertical como su condición ética, parece una hendidura en la cama donde yace. Noche aciaga en la que languidece el luchador corajudo, el venezolano a quien le calzan los zapatos de Gandhi y Mandela, el Quijote que se marcha; hacen una cruz su figura de palo y el bigote espeso que tapiza de un lado a otro las escurridas mejillas. Piel fatigada a una secuencia de huesos adherida, aquella figura devastada, quebrantada,

deshabitada, que cuando todo comenzó pesaba 105 kilos, no
le hace justicia a lo inmensurable que comienza a ser su peso
histórico, el de su epopeya; siete años de resistencia pacífica
acreditan el calificativo.

La caja torácica es una desproporcionada protuberancia a
duras penas recubierta por aquel hollejo que transparenta
el costillar. Silueta en tránsito, ahora inmóvil, ya no se
expande ni se contrae afanosa. Acababan de hacerle
la última reanimación cardíaca con *electroshock*, con
infructuosos resultados. Horas antes han consignado un
parte desalentador. El cuadro clínico es muy complicado:
deficiencia respiratoria, pulmonía, hipotermia y daños
severos en el hígado y los riñones; no tiene ni diez por ciento
de lo que le correspondería de masa muscular; tampoco tiene
defensas, las plaquetas están muy bajas. La autopsia, que le
harán allí mismo, revela que agravó el ya crítico diagnóstico
un choque séptico. Compromete su vida un paro cardíaco.

Cuerpo lacerado y humillado, cuerpo descarnado que yace
como el de un Cristo, cuerpo ofrendado gramo a gramo, y que se
extingue de mengua tras el extenuante rosario de inmolaciones,
se convierte en una síntesis elocuente del trance vivido.

Le cerré los ojos.

Cuerpo seco y desolado que por fuerza sucumbe, se
transforma, paradójicamente, en la más palmaria expresión
de su indoblegable voluntad.

Pero la más desesperada era Ángela.

Cuerpo que es un lacónico rictus, cuerpo afilado y punta de
lanza, cuerpo marchito picoteado de agujas y extraviado bajo
la madeja de tubos, se transfigura de inmediato en imagen
inmortal.

Rezamos.

Cuerpo deshecho como daño colateral, nunca por su propio
propósito, y que jamás agredió a ningún otro, se transmuta en
símbolo de libertad.
En cuerpo insignia y marca de la batalla: la que libró sin bajar
nunca la cerviz.
En cuerpo libelo y prueba fehaciente.
En cuerpo del delito ajeno.
En cuerpo barómetro de la debilidad de los organismos otros.
En cuerpo espejo de la indolencia.
En cuerpo vitrina del desdén padecido.
En cuerpo pancarta y cuerpo grito, que aunque inmóvil,
se transforma en estruendoso ¡ay! al cielo.

Y el más esperanzado, él. Estaba seguro de que el gobierno,
en algún momento, por fin, procedería con justicia.
La víspera, cuando todavía estaba consciente, me tomó
la mano y me dijo: Ten fe, Elena, volveremos a Iguaraya,
tú verás, no me dejarán morir.

La tierra lo llama, lo llama para sembrar, para hacer vida. Cuando termina los estudios de Biología en la Universidad Central de Venezuela, aunque le faltó el título porque nunca entregó la tesis de grado —el tutor emprendió viaje y él se metió de lleno en su trabajo—, ya ha hecho una elección: lo suyo es la agricultura. Asumiendo las faenas en la hacienda de quien será su futuro suegro, en Guárico, advierte que nada lo apasiona más, amén de Elena.

Mi papá le dijo: Usted no quiere una novia, usted lo que quiere es una mujer, así que mejor se casan, y así lo hicimos el 28 de agosto de 1987.

Una fuerte trabazón en la pareja vería el pragmático señor Luis Rodríguez Fuentes que los manda directo al juez; y no se equivocará: los enamorados, él, a ocho días de cumplir los veintisiete, y ella, que aún no suma los dieciocho, le hacen caso y, juntos en las buenas y en las malas —las de él, sin duda, las peores—, imaginan un futuro feliz que ubican entonces en Caracas. Hasta que a Franklin Brito, luego de trabajar en el Centro Docente La Trinidad y en el Instituto Venezolano de Investigaciones Científicas (Ivic), le da una especie de comezón por el campo. Persuadido de que las vitales faenas del cultivo y la cosecha pueden ser una enseñanza maravillosa para la familia —ya tienen cuatro hijos—, considera la mudanza. Y la adquisición de unas tierras donde labrar sus sueños, y donde se desatará el sinsentido.

Iguaraya es el segundo nombre de Elena Rodríguez Marabay de Brito y también el de Ángela Brito, la segunda de la prole, e Iguaraya es como bautizan la tenencia que les cambia la vida, enclavada en el sector La Tigrera, en el municipio Sucre del estado Bolívar. El siguiente plan es vivir en Guarataro, una población calurosísima y desprovista, a 220 kilómetros al oeste de Ciudad Bolívar y a quince minutos en carro del usufructo donde Franklin Brito ha puesto sus ilusiones. Allí se instalan, en la casa 14 de la calle José María Vargas.

Cuando llegamos nos asombró ver a la gente encaramada en los techos. ¿Por qué será?, nos preguntamos. Era que estaban a la caza de alguna señal, ¡no divina sino telefónica!,

sonríe Ángela Brito.

Aguardaban por un parpadeo, aunque fuera, que les permitiera alguna conexión. Así y todo, papá no dudó en que aquí sería donde nos mudaríamos.

No solo no hay señal que encienda los nuevos celulares sino que tampoco hay ningún tipo de telefonía; tampoco de electricidad; lo que hay es una absoluta inoperancia de los servicios públicos que, huelga decir, en vez de resolverse se ha generalizado, convirtiéndose en mal nacional. Pero el entusiasmo de Franklin Brito será irreductible, como su talante.

Me siento feliz,

soltaría frotándose las manos, como si el recibimiento hubiera sido espléndido. Se sentía pionero. Y le hacía ilusión poner de inmediato en marcha su proyecto de vida: hacer fructífera aquella heredad prometedora que ahora pasa, literalmente, a sus hacendosas manos.

Tierras que, desde 1993, habían sido administradas por Josefina de Chacín, tras llegar a un acuerdo económico —165.453,90 bolívares—, le dan ahora a Franklin Brito un derecho preferente de uso. Queda asentado en los siete folios del documento en el que interviene el extinto Instituto Agrario Nacional (IAN), tal y como consta en la resolución N° 2123, sección N° 15-99, de fecha 11 de mayo de 1999, que

en lo sucesivo estos lotes bajo el título «definitivo
oneroso» serán trabajados para fines agrícolas, beneficios
económicos incluidos, por el ciudadano Franklin Brito
Rodríguez,

> cédula 5.900.639. El procedimiento es protocolizado por
> ante la Oficina Subalterna de Registro Público del municipio
> Sucre del estado Bolívar bajo el N° 15, folios 45 al 48. Tras
> cerrar el trato con la señora Chacín, los costos convenidos son
> amortizados por Brito en su totalidad.

Pagué el precio de la finca hasta el último centavo,

> será una de sus prédicas. Pagó con creces mucho más que eso.

> Esto contradeciría la especie que ha circulado acerca
> de que aquellos terrenos que le tuercen la vida los había
> reasignado el Estado para beneficio de un Brito entonces,
> al parecer, simpatizante del chavismo —y luego por fuerza
> arrepentido—, en la cola de los beneficiarios de dádivas que
> otorga la parcialidad desde el poder. Elena de Brito y Ángela
> Brito, de hecho, lo niegan.

Pagamos por las tierras, las compramos, no son una regalía,
y el proceso de adquisición comienza dos años antes de que
este gobierno fallido asumiera el poder en 1999. En cuanto
a las tendencias políticas de Franklin, pues nunca militó
en las filas del chavismo, que encarna lo opuesto a lo que
creemos y que tanto daño le ha hecho al país, ¡y sin duda
a nosotros! Franklin nunca votó, aunque estaba inscrito
en el CNE. Eso sí, fue crítico de los gobiernos anteriores...
y nunca fuimos de derechas,

> concede Elena de Brito.

Lo que pasa es que más de una vez él llegó a pensar que
Chávez, en su papel de salvador, seguro querría que las
cosas fueran distintas, y por eso, tal vez dándole el beneficio
de la duda, lo interpela en varias ocasiones y graba videos

en los que intenta una y otra vez contarle su historia
suponiendo, buenamente, como él era, que, ay, no más verlo
y escucharlo el presidente procedería con justicia: la que
pregonaba. Pero de ahí a asegurar que mi esposo, que no
era hombre de seguir líneas y que todo lo cuestionaba,
fue un seguidor de los rojos, hay un largo trecho,

puntualiza.

Ángela Brito refrenda lo dicho por su madre.

Sí, llegaron a decir eso, que las casi trescientas hectáreas de
Iguaraya se las dio Chávez a mi papá a través del Instituto
Nacional de Tierras, el INTI, después que llega a la presidencia
en 1999, acaso con la intención de que papá luciera como
un malagradecido que se transa en una pelea por una
insignificancia que no le costó nada, una manguangua. Falso.
Mi papá compró Iguaraya con un gran esfuerzo, con todas las
de la ley, y nunca, gracias a Dios, estuvo esperando por algún
beneficio del Estado. Por justicia, sí.

Tras vender el apartamento de Caricuao, en Caracas, invierte todos sus ahorros en ese trozo de esperanza, un lote de 290 hectáreas del cual solo ochenta se consideran aprovechables para el cultivo. Con eso será suficiente. Fértil sobremanera, suelo cuya calidad productiva tiene ganada fama, ningún aliciente puede ser mejor. Así que persuadido de que, pese a las precariedades de la zona, en ningún otro sitio como en el estado Bolívar le resultará más exitoso el propósito que tanto le apasiona, Franklin Brito se aventura con su familia a la conquista del sur. Está seguro de que saldrá adelante sembrando maíz, plátano, patilla, melón y yuca. Trabajar la tierra, y ser, asimismo, testigo del milagro que tiene lugar en los surcos donde bosteza la vida, le provocan una complacencia absoluta.

Un privilegio

—resume a los suyos, conmovedoramente entusiasmado—
será avistar el proceso desde que los inaugurales brotes
verdes hacen aparición en la uterina entraña. Inolvidable
experiencia la de ver la naciente cosecha; ningunas más
deliciosas que las primeras sandías que emergen, primero
tímidas, hasta alcanzar su exultante madurez.

Franklin nos conquistó con su entusiasmo contagioso.

Colosales, pintosas, suculentas —Gabriel García Márquez
habría podido compararlas con los ciclópeos huevos
prehistóricos de su realismo mágico—, no tiene que esperar
demasiado para ganarse el apelativo de «el rey de la patilla».

*Bueno, pues claro que no es otra cosa que una gran
mentira. No me explico cómo Elías Jaua, que fue ministro
de Tierras, pudo decir públicamente, cuando papá estaba
muriendo, que «Franklin Brito nunca fue un agricultor
operativo» y que «no produjo nada» en nuestra finca,
cuando todo el mundo tenía que ver con las patillas que
cosechaba. ¡Se hicieron famosas!*

Como pez en el agua en aquellas tierras fecundas, exhibe
orondo las frutas de tonos navideños, concha verde y pulpa
roja, producto de sus dominios: son más pesadas que un bebé.
Normales y corrientes las de veinte kilos. Regala las
que «apenas» pesan cinco.

*En realidad, son muchas las vivencias con papá en el fundo.
La verdad es que nos involucramos encantados en todos los
pasos de la siembra y la cosecha. ¡Las clases para aprender
a manejar el tractor antecedieron a las de aprender a montar
bicicleta!*

Hombre de talante curioso, con deleite por la observación y
fascinación por el conocimiento y por compartirlo, cualidades
del científico y del maestro innato que fue, Franklin Brito
se convierte enseguida en el feliz instructor de todo cuanto

va descubriendo. Amante de la naturaleza, les hace notar a la familia y a quien lo quiera oír las diferencias en el diseño o en el tamaño de las hojas entre una especie vegetal y otra, así como comparte con los nuevos amigos o el vecino al que ahora llama compadre su manera de sembrar y de amar la tierra. Y la vida.

Además de los recuerdos terribles, tengo otros maravillosos. Y son los que hicieron fácil el cambio de vida de la ciudad al campo,

atesora en su memoria a buen resguardo Ángela Brito.

Pero cuando empieza a verle resultados a sus afanes, una circunstancia impensada trastoca el sueño en pesadilla.

¿Cómo imaginarlo siquiera?,

admite Elena de Brito.

3 | **RAÍZ CUADRADA**

Inquieto de sesera y porfiado por antonomasia, qué duda
cabe, no imaginará jamás que su decisión de proponerse darle
freno a la amenaza que se cierne sobre la producción
de ñame, ese tubérculo que no ha sembrado en sus territorios
pero cuya enfermedad se ha esparcido peligrosamente en
los sembradíos próximos, de otros, le traerá tanta desgracia.
No pasa mucho tiempo, después que se muda a ochocientos
kilómetros de Caracas, hasta que se enfrasca en la idea que
lo arrastrará por un callejón sin salida. Y allí donde encuentra
el paraíso también halla el infierno.

*En la zona se cosechaba sesenta por ciento del ñame que
se consumía nacionalmente; no sé cuánto se producirá
ahora, tal vez nada. Lo cierto es que Franklin, un hombre
esencialmente comprometido, no podía cruzarse de brazos
ante lo que ocurría. Aunque no sembraba el tubérculo se
interesó en el problema; él se interesaba en todo, era un
hombre vital, curioso, además de solidario. Más vale que no,*

se remueve Elena de Brito.

Lo que pretende Franklin Brito es dar con una solución eficaz
y de sentido ambientalista que erradique la plaga mohosa que
ha puesto en riesgo los cultivos de ñame ¡ajenos! Se trata de
una calamidad que intenta enfrentar como científico, como
agricultor, y como si fuera suya la causa. Indaga, lee, consulta,
y en busca de pistas que den con el santo remedio incluso viaja
a Caracas para trastear en los laboratorios de la Universidad
Central, donde se formó. Hasta que por fin da con la fórmula
sanadora a la medida, feliz hallazgo que, asimismo, les abre
las compuertas a los espantos.

Su pesquisa lo lleva a una tesis sobre un caso similar ocurrido en plantíos costarricenses. La solución consiste en utilizar como cepa de control las semillas de una variante del ñame (*Dioscorea*) con corteza dura, resistente a cierta especie de hongo la cual, con el cruce inducido, haría inmunes a todas las variedades del tubérculo, de manera que los nuevos injertos nacerían fortalecidos y saludables. Pero la iniciativa de Brito, sin él proponérselo, rivalizará con la de un hombre de poder que no admite contendores y con quien deberá vérselas. Le tocará enfrentarlo antes que a la plaga que azota los cultivos.

Era como una mancha negra la que se dibujaba en la concha del ñame, mancha negra que a nosotros nos acechó como una amenaza, y se alojó fatalmente en nuestras vidas,

se lamenta Elena de Brito

Desmesurada la reacción que provoca el hallazgo de Franklin Brito en Juan Carlos Figarella, alcalde del bolivarense municipio Sucre durante dos períodos, desde 2000 hasta 2008, y notoria ficha del oficialismo. Figarella es quien inicia, en la reconstrucción de la historia que hace Elena de Brito, este *impasse* que origina la cadena de eventos desafortunados que son este oscurísimo pasaje de la reciente historia patria. Lo que él entiende es que le han choteado su plan y procede encolerizado, echando chispas.

Luego que el Instituto Nacional de Investigaciones Agrícolas (INIA) evalúa el proyecto de Franklin Brito para salvar los cultivos, más ecológico y sin duda más rentable, y lo recomienda, de seguidas la Corporación Venezolana de Guayana se hace eco de la moción y declina financiar la propuesta que previamente ha promovido Figarella desde la alcaldía. Se suma el bloque parlamentario Región Guayana de la Asamblea Nacional que, en pleno, vota a favor de la ocurrencia de Brito, luego de escuchar su persuasiva charla. Ha vencido, por ahora, la sensatez.

Pero Figarella se niega a aceptar que la oferta del inesperado competidor pueda reemplazar a la suya. En realidad, resiente que

venga a sabotearme el recién llegado,

por lo que, despachando toda forma de caballerosidad, se la jura. Y ni más ni menos empuja a Brito al laberinto sin salida en el que es crucificado. Comienza así la devastadora pugna, a cuya saña el cultivador no le rehúye; ni hace falta mencionarlo. A las pruebas se remite la familia.

Figarella se enfrenta sin disimulos, y es peor cuando mi

*esposo hace la denuncia. Lo que consigue son cada vez más
y más agresiones. Como una avalancha.*

La intervención que Figarella tiene casi aprobada —hasta que
Brito irrumpe y lo interrumpe con su discurso verde y en pro
de la sustentabilidad— es más convencional, costosa y menos
amigable con la naturaleza: el uso de pesticidas, programa
cuya ejecución a su cargo, incluyendo la adquisición y el
suministro de los químicos, ronda un presupuesto que
supera los mil millones de bolívares. No es poca la inversión
que le corresponde desembolsar al Estado, como tampoco
parecen desdeñables los dividendos que dejaría. Chavista
emparentado con Leopoldo Sucre Figarella, el llamado zar
de Guayana, es decir, formado por la fuerza del linaje en la
certeza del mando y aliado de los que recién se incorporan a
las delicias del poder, al que se han trabado con uñas y dientes
—y por su tan expresa irritabilidad, dueño de un hígado
acérrimo, con ínfulas shakesperianas—, opta por el acoso.

En la narración de Elena de Brito, Figarella se atreverá
a presionar a quienes dirigen el liceo donde da clases su
marido, la Unidad Educativa Nacional El Guarataro, para
que lo despidan. Elena, mujer guapa y bien plantada, el amor
de Franklin Brito y su pivote, atestigua que la directora
del colegio, Griselda Álvarez, también emparentada con
Figarella, habría convenido en alianza con el primo sacar el
pie para la zancadilla: Brito, el profesor de matemáticas, física
y química, llega a dar clases la mañana del 29 de enero de
2002 y se encuentra con la novedad de que han prescindido
de sus servicios, sin justificación alguna o con alegatos que
parecen sacados de una chistera. El gesto tiene bis. A Elena,
maestra como él, también la despiden de la Escuela Integral
Bolivariana El Guarataro

*—y todavía permanezco fuera del sistema educativo,
botada y vetada, y por eso no puedo conseguir trabajo en*

ninguna de las escuelas públicas del país—;

es decir, a ambos los dejan en la calle.

*La alcaldía, la principal fuente de trabajo del pueblo, no solo
da empleos sino que los quita, y suponen los funcionarios
que con lo que pagan puede comprar conciencias,*

explica Ángela Brito.

No solo no les pagan liquidación alguna, sino que el
Ministerio de Educación parece desentenderse de quienes
alguna vez estuvieron en su nómina. Y mientras Brito
propone que sean consultados los alumnos, a los que
supuestamente él

metía ideas contestatarias en la cabeza,

para que confirmen que él fue su profesor en el plantel, el
absurdo alza vuelo. Peor que esta actuación, el siguiente
movimiento. Figarella, el titiritero que intercepta el destino
de los Brito manipulando los pringosos hilos del poder,
estaría detrás de una nueva jugada que se ejecutará a través
de las oficinas regionales del Instituto Nacional de Tierras
y que violenta todos los procedimientos y salta todas las
normas: el otorgamiento ¡a terceros! de una porción de las
tierras del agricultor. He aquí el anticlimático punto desde
el que se descuelga la saga. Donde arranca el alud. Del ceño
fruncido de Juan Carlos Figarella, a las amenazas proferidas
por él, a su confesión de que es muy mal perdedor, a sus ganas
manifiestas de darle un gran susto al *entrometido* Brito,
a la hiel derramada, a los hechos. Al horror.

Y como en el cuento, tan vergonzosamente inconsistente
demuestra ser el andamiaje que soporta las instituciones
que con un mínimo soplo cae. El alcalde consigue, sin que
le resulte cuesta arriba, que la burocracia en la que trajina
active con sus palancas los sempiternos mecanismos del
clientelismo —aparecen prestos a libar los sempiternos

moscardones— y, en un dos por tres, se produce la
circunstancia que marca esta historia, el punto de partida
de esta trágica secuencia de atrocidades que arrancan con la
histórica expropiación, o en realidad, usurpación, de la que es
objeto Franklin Brito. Usurpación, pues se ejecuta sin asidero
jurídico alguno: ni una pizca de los terrenos de Iguaraya son
baldíos y mucho menos improductivos; mucho menos se
ejecuta el pago correspondiente. Lo que ocurre,
con la complicidad de las instituciones del Estado, fomentadas
por ellos, es el otorgamiento de un tajo, a los vecinos que
flanquean las tierras de Franklin Brito, la del lado derecho
y la del izquierdo, de sus propiedades. Se convierten de
la noche a la mañana en beneficiarios de un programa
justiciero cuando menos sospechosamente aplicado: no son
damnificados, desterrados, desplazados o venezolanos sin
techo, pero ahora pueden explotar veinticuatro hectáreas
de aquellos predios como si fueran suyos.

*El Instituto Nacional de Tierras (INTI), a través de la
Oficina Regional de Tierras del estado Bolívar (ORT-
Bolívar), arbitrariamente otorgó el 8 de mayo de 2003
sendas cartas agrarias, una a favor del ciudadano Rafael
Gregorio D'Amico Baquero, titular de la cédula de identidad
Nº 7.107.911, sobre un lote de terreno denominado «La
Chupadera», y otra a la ciudadana Concepción de Jesús
Antoima Fajardo, titular de la cédula de identidad Nº
5.330.814, sobre un lote de terreno denominado «Valle
Encantado»: el procedimiento desconoce los linderos
marcados y como consecuencia se solapan las parcelas y se
montan sobre mi fundo,*

suscribe Franklin Brito en un enjundioso documento que
recoge lo trasegado hasta entonces y envía a la Comisión
Interamericana de los Derechos Humanos el 27 de diciembre
de 2009.

Cartas agrarias fallidas que autorizan a extraños el uso de
tierras que tienen dueño, cartas truculentas que benefician
a propietarios

—*par de invasores de cuello blanco,*

como los define Elena de Brito—, que no son, ni de lejos,
desvalidos algunos en la lista de espera de la asistencia
gubernamental, cartas patente de corso o *cartas blancas,*
serán el salvoconducto para rebanar Iguaraya, y el detonante
de esta trama de pendencia versus resistencia. No hay manera
de justificar que esta cesión obedezca a un arrebato de
misericordia, es solamente un arrebato.

Los vecinos, hay que recalcarlo, no tienen urgencia ni
necesidad alguna de tierra,

esa donde dicen que hincan la rodilla los que arrasan, acusa
Elena de Brito. ¿Y cómo van a tenerla, si son los propietarios de
las fincas colindantes, con personal a su cargo y dueños
de reses y de sembradíos?

Se trata, añade, de gentes con poder y sin pudor, cómplices
de Figarella: uno de ellos trabajaba con él,

denuncia una vez más. Claro, porque ¿cómo, si no, pudieron
vincularse a semejante despropósito? ¿Y a cuenta de qué les
caería del cielo este maná?

Y así como se enseñorean en el terreno ajeno, son capaces
de llegar más lejos. Ripley mediante,

y tan imperturbables,

cometen otra insolencia, y es entonces cuando Franklin
Brito se da cuenta de que ha sido objeto de una confiscación
orquestada. El 28 de mayo de 2003

—*la ley es la que impone el alcalde,*

se mantiene en sus trece Ángela Brito—, los invasores
le obstruyen a Franklin Brito el acceso a Iguaraya.

A la torera, sin justificación ni motivo, y sin previo aviso,
nuestros vecinos se sienten con el derecho a eliminar la
única vía de acceso a mi fundo y me imposibilitan la entrada
y, por supuesto, me coartan mi derecho al trabajo y nuestra
forma de vida,

elevará entonces su voz Franklin Brito, como tantas veces
más, a quien quiera oír. Sí. Juntan sus cercas, las de ambos,
y de manera mancomunada hacen una especie de trinchera
infranqueable dentro de los confines del vecino, excluyéndolo
de sus propias tierras. Semejante barbaridad es como un rayo
que cae de repente; no tardará mucho en llegar la tormenta.

Claro que nos movimos enseguida; Franklin denunció el
hecho ante el Comando de la Guardia Nacional de Maripa,
y también dejó copias con la relación de los hechos en la
Oficina Regional de Tierras, el Instituto Nacional de Tierras
y la Procuraduría Agraria Regional y Nacional.

De un día para otro no pueden los Brito ingresar a sus
asentamientos; no hay ningún otro acceso. Al fondo, el
terreno se disuelve en una montaña. Y esto ocurre mientras
la llamada lucha antilatifundio está en auge. Al parecer han
hecho migas las bajas pasiones del intendente iracundo y
las ordenanzas revolucionarias que reverencian a Robin
Hood el justiciero —que es también una marca de harina;
acaso crean los rojos que volver polvo a los empeñosos es el
mensaje—; lo cierto es que, enmarcada la ocurrencia dentro
de unos designios reivindicativos, las estadísticas dan cuenta
del efecto producido. Se habrían ocupado ya 2,9 millones de
hectáreas, principalmente heredades que, a juicio del INTI,
estaban en manos de particulares que no han podido probar
el carácter de propiedad privada de las mismas, ni tampoco
que les pertenecen, en la cuenta regresiva que pone un hito
en 1848, cuando se dictó la primera ley agraria en Venezuela.
¿Tiene, entonces, algún asidero el desmán?

Inscritos dentro del rimero de poderes especiales
otorgados al gobierno de Chávez por la Ley Habilitante
aprobada en 2001, se promulgaron 49 decretos-leyes que
afectaban la distribución y tenencia de la tierra,
las operaciones bancarias, la libertad de prensa,
la propiedad privada y el régimen de explotación petrolera.
Con la Ley de Tierras, que nunca fue sometida a debate
parlamentario ni público, se hicieron los primeros
avances de un intento de reforma agraria que priorizaba la
propiedad colectiva, y daba una gran discrecionalidad al
Instituto Nacional de Tierras,

conecta los hechos Paula Vásquez Lezama, socióloga y
antropóloga caraqueña estudiosa del caso de Franklin Brito,
radicada en París, donde trabaja como investigadora del
Centro de Estudios Sociológicos y Políticos Raymond Aron.

Queda claro entonces por qué el INTI no presta atención a las
denuncias de Franklin Brito:

porque serían funcionarios del organismo

—según la apesadumbrada relación de datos de los que hace
acopio Elena de Brito—

quienes nos han despojado.

El instituto a cargo del régimen que ofrece resarcir supuestos
desafueros añosos es el mismo que entrega las cartas
transgresoras. Las que dan licencia para que se borroneen los
linderos en el trocal 19, para perjuicio de los Brito y provecho
de Rafael Gregorio D'Amico Baquero y Concepción de Jesús
Antoima Fajardo, quienes cantan bingo en la lotería, ahora
metidos en casa ajena como río en conuco.

Por la soberbia que exhiben los aprovechados, que se jactan
de tener a Dios agarrado por la chiva, Franklin cae
en cuenta finalmente de que es el blanco de un disparate
que involucra cada vez a más personas,

explica consternada Elena de Brito. Además de que pierden
el empleo y el acceso a su finca, y deben cohabitar con
el enemigo —se instalan por casi un quinquenio en su
fundo—, descubren que en el inverosímil embrollo sí están
involucradas las autoridades a las que han recurrido: tanta
injusticia tiene que estar atada con poleas, no es un atado
de cabos sueltos, hay ligazón a un engranaje. Las evidencias
terminan saltándoles en la cara. Al principio los Brito creían
que los vecinos eran *unos abusivos* que actuaban por su
cuenta, hasta que confirman que las cartas agrarias les han
sido entregadas con un fin.

*Ellos mismos nos lo confiesan y eso nos produce
una profunda tristeza,*

se lamenta Elena de Brito.

Parece mentira que la animosidad de un competidor
desconocido se convirtiera en la piedra de tranca con que
comienza tan grande desgracia; que la emoción subalterna
de un hombre que cree que la ley es un bien suntuario
detonara la sucesión de pifias, arbitrariedades y
contradicciones de este fárrago al que se adhieren, cuesta
abajo en su rodada, complicidades, más abusos y demás
gestos congénitos de la mandonería arcaica.

5 | ¡EXPRÓPIESE!

El 6 de noviembre de 1947 entró en vigencia la primera
normativa moderna en la materia: la Ley de Expropiación
por Causa de Utilidad Pública o Social, publicada en la
Gaceta Oficial de los Estados Unidos de Venezuela N° 22.458.
Catorce años después, tras la llegada de la democracia al
país, y apegada a la tradición constitucional venezolana, el
23 de enero de 1961 entró en vigor una nueva Carta Magna
y la misma reafirmó la presencia de la figura expropiatoria,
aunque con ciertas modificaciones. Propone que solo se
justificará tal política cuando se constate la causa de utilidad
pública o de interés social, y mediante sentencia firme y pago
de justa indemnización.

Estudiosos de la ley aseguran que con la Constitución
Nacional de 1999, la figura de la expropiación se desligó
de la idea de potestad exorbitante del Estado

*y pasó a representar un conjunto de garantías esenciales e
innatas del derecho de propiedad,*

que sigue vigente. El artículo 115 es una muestra
de que en la letra se garantiza ese derecho:

*toda persona tiene derecho al uso, goce, disfrute y
disposición de sus bienes,*

con excepciones que no parecen en principio representar
un atentado ni una declaración de guerra:

*solo por causa de utilidad pública o interés social, mediante
sentencia firme y pago oportuno de justa indemnización,
podrá ser declarada la expropiación de cualquier clase
de bienes.*

Pero el 1 de julio de 2002, en la Gaceta Oficial de la República

Bolivariana de Venezuela N° 37.475, se publica con sus matices
la Ley de Expropiación por Causa de Utilidad Pública y Social,
cuyo objetivo, según reza el artículo 1, es

*regular la expropiación forzosa de los derechos y bienes
pertenecientes a los particulares, necesarios para lograr
la satisfacción del bien común.*

¿No debería un país tener conciencia de la importancia de
ser un todo, una identidad, una integración de coincidencias
y diferencias más que una reunión de tensiones? El bien
común tendría que ser fundamental, lo que acaso podría
provocar dudas será la definición práctica del concepto para
su aplicación, por aquello de las subjetividades que puedan
cocerse al fuego precisamente del atractivo que suelen
producir los bienes, y por las confusiones entre Estado y
gobierno que suelen trasvasarse. En cifras, la norma habría
dado estos resultados: contando hasta 2006, el Instituto
Nacional de Tierras (INTI) había recuperado casi cinco
millones de hectáreas —4.999.799,97 con exactitud—,

*con la finalidad de establecer el desarrollo rural integral
y sustentable que se contempla en el primer artículo
de la normativa.*

Se entregaron 74.342 cartas agrarias, 3.563 declaratorias de
permanencia y 558 títulos de adjudicación, lo que se traduce
en la asignación de 78.463 unidades productivas dentro de
3.499.790 hectáreas.

El advenimiento de Hugo Chávez —en esta como en tantas
otras circunstancias— habría sido fuego para la cocción
precipitada de amargas recetas y el descongelamiento de
un menú de purgas. Sus anuncios sin duda provocadores,
a contravía de la letra suscrita, serían movidas de piso
acompañadas de tachaduras en los antiguos consensos.
Lanzó, así como leyes y decretos, demasiadas perlas o piedras.
Como aquella que dice, dejándose de rodeos:

*Sí podrá ser declarada la expropiación de cualquier
clase de bienes.*

Pero conmocionará tanto o más esta otra frase suya:

La tierra no es privada, es propiedad de la nación,

que soltó durante su programa *Aló Presidente* del 10 de
mayo de 2009. ¿Y la nación es una realidad compartida y
un consenso democrático cuyos miembros, todos, debaten
libremente su destino y marchan hacia él con el apoyo de
instituciones confiables que hacen equilibrio... o más bien
es una explanada apetecible, una plazoleta que refundas
a discreción, desde el epilogal lema

el Estado soy yo?

Más será esta última acepción; así lo confirmará el
desempeño chavista, como es fácil constatar. Temer.
La sentencia arrojada por Chávez no al desgaire tendría
relación con las 1.243 intervenciones a la propiedad privada
ocurridas entre 2002 y 2012, de acuerdo con cifras de
Conindustria. El discurso oficialista, el verbo pugnaz y
hemorrágico de los últimos años, habría sido el soporte
sobre el cual se encaramaría una práctica de fines cuando
menos confusos.

Subjetividades y emocionalidades mediante, en el caso
de la invasión a Franklin Brito —y a lo largo del proceso
todo— la interpretación de los hechos será tan venática que,
para empezar, los cultivadores a quienes el estatal Instituto
Nacional de Tierras (INTI) adjudica las cartas agrarias
reivindicarán a viva voz, sin empacho alguno, el uso espurio
de las tierras de Brito, en plan

fuimos reivindicados

(¿de qué?) y, con la anuencia de las autoridades

—mi esposo siempre los llamó cómplices—,

avanzarán no solo en la finca invadida sino en territorios
legales imposibles, aun cuando

*la carta agraria es una figura del decreto-ley de tierras
mediante la cual las familias campesinas son autorizadas
a ocupar y cultivar predios cuya propiedad sigue siendo
estatal y es administrada por el INTI,*

tal como define la ley. No es el caso de Iguaraya. La finca
tiene un titular, los Brito, que por eso aseguran que lo
que se produjo en sus confines no fue una expropiación sino
una expoliación. Y contra eso luchan.

Hecho singular este caso. ¿Se trata, sin embargo, de un
procedimiento aislado? Dudas se posan sobre la figura de
las cartas agrarias, como plan nacional para garantizar la
llamada soberanía alimentaria. Sistema de productividad de
fortuito, basta ver los resultados. ¿Qué se siembra? ¿En qué
cuantía? ¿Quiénes? ¿Dónde? Hoy por hoy, el país importa
casi ciento por ciento de los alimentos que (mal) consume.

Cabe citar la Declaración Universal de Derechos Humanos,
que en su artículo 17, dice:

*Toda persona tiene derecho a la propiedad, individual y
colectivamente. Nadie será privado arbitrariamente de su
propiedad.*

Tal consideración es un mandato que rige en toda la Tierra.

En situaciones similares, que no sé si serán muy
recurrentes, escribir una nota al margen del traspaso
registrado hubiese sido lo indicado para hacerlo legal,
¡pero tal apostilla no se hizo!,

> detecta el dato María Eugenia Cisneros Araujo, hundida entre textos legales y apuntes relacionados con el caso que estudia con pasión. La filósofa y profesora de la Universidad Central de Venezuela vincula a Franklin Brito al tópico de la desobediencia civil, esencia de sus investigaciones. Ella considera que el tenaz agricultor es vanguardia en la lucha civil y pacífica de conciencia en Venezuela. Un hombre que ya hizo historia. Que trazó una trayectoria inédita y valiosísima, además de inspiradora. Que rompió moldes.

Y al parecer, el despojo parcial de sus tierras no parece
estar asentado en registro alguno, por lo que Brito seguía
y sigue siendo el adjudicatario formal de toda Iguaraya,

> demuestra Cisneros tras repasar las enojosas circunstancias jurídicas y políticas de la usurpación en cuyo caso Brito tenía, además de la razón, todas las de ganar.

Claro que sí se hubiera podido resolver el caso
—asegura—, con celeridad incluso, de no haberse
convertido la felonía en el riel por donde se despeña. Es
que el problema es lo avieso del asunto, la complicidad, el
tapareo, la ausencia de un Estado de derecho.

> Parece que nadie es capaz de ver la magnitud del error, los baches jurídicos, lo rocambolesco de la confabulación.

Nunca fui notificado por ninguna institución acerca de la
apertura o inicio de ningún procedimiento administrativo

*(debido proceso) en mi fundo, incluso para declarar
que Iguaraya estaba ociosa,*

> dirá entonces Franklin Brito a los medios de comunicación. Ni en este punto ni en ninguno parece alguien estar en disposición de revisar a fondo los hechos, menos de subsanar la injusticia. La mayoría parece complotar en contra del campeador solitario. Ningún abogado se las juega, con algunas excepciones particulares, como Adriana Vigilanza, que ofrece su apoyo a medida que avanza el caso, y los juristas del Foro Penal Venezolano, a salvo de la generalización. *Per se* comprometidos con la causa de los presos políticos, en más de una ocasión alzan la voz en el desierto a favor del huelguista y sus derechos —como por ejemplo cuando el 13 de diciembre de 2010 se llevan a Brito por la fuerza al Hospital Militar—, pero no se ve durante el tortuoso viacrucis un cirineo dispuesto a echar una mano, plantarse, tomar el desafío como propio.

*La democracia es fondo y forma, sin duda, y el caso de
Franklin Brito revela lo sometida que está y en cuánto se ha
reducido. Su ejercicio tiene que ver con derechos asumidos,
con respeto compartido y convenido, con escuchar, con
autonomía en la toma de decisiones, con la búsqueda
de justicia y su aplicación equitativa, con el bienestar
común, con libertad y, muy importante, con un estado
de conciencia de lo plural asumido colectivamente, pero
jamás con arbitrios que subyuguen a unos en perjuicio de
otros. La democracia no es la imposición de la mayoría sino
el derecho a ser de las minorías. Está en la acera contraria
de la exclusión, ay, tan cacareada. Menos tiene que ver con
despojos, depredaciones y ultrajes impuestos por encima
de la ley ¡desde la venganza! Eso es resentimiento,*

> limpia la maleza Cisneros.

El artículo 1º, en su único aparte, y la resolución 177

de fecha 5 de febrero del 2003, emanados del Instituto
Nacional de Tierras (INTI), establecen que existen dos
condiciones para que se otorgue la carta agraria: que
las tierras estén incultas y no estén adjudicadas, pero no
es el caso, y que integren el patrimonio de la república,
o del Instituto Nacional de Tierras (INTI), que tampoco.
La titularidad de Iguaraya está registrada y asentada, es
mi posesión y es constatable. Esto no es un error. Es una
injusticia. Y contra esta injusticia es mi lucha: para que no le
ocurra a otro venezolano algo tan bochornoso como lo que
me ha ocurrido a mí,

> reiterará ante oídos mayoritariamente sordos Franklin Brito.

En efecto, según la ley, solo se otorgan tierras que no
tengan dueño o no estén en uso; la transacción incumple
con ambos requisitos. Las tierras invadidas con la anuencia
del Estado estaban a cargo de Franklin Brito, y estaban
siendo cultivadas,

> vuelve por sus fueros María Eugenia Cisneros Araujo,
> desde el asombro. Asombro que le provocan los hechos
> consumados en La Tigrera, que suceden a cielo abierto y sin
> que a los infractores, guapos y apoyados, les produzca un
> ápice de remordimiento. No hay temor al peso de la ley. Esta es
> ingrávida. Qué peligro.
>
> Decisiones pasadas por bilis, leyes con la acomodaticia
> consistencia del chicle, argumentos cosidos según el
> dictamen del impulso, lo que ocurrirá es que el esquema de
> saneamiento de los cultivos quedará en suspenso:

al final, ni Franklin ni Juan Carlos Figarella desarrollan sus
diseños, observa Elena de Brito. Pero será peor. Mi esposo,
que estuvo en la mira del alcalde, terminará envuelto en un
enredo terrible que no podremos detener, como una feroz
bola de nieve.

El siguiente paso que da Franklin Brito es el de denunciar en los tribunales locales la rapacería de la que ha sido objeto. Aunque los jueces de la circunscripción hacen presencia cuando son solicitados para confirmar *in situ* la *respaldada invasión,* y hacen registro de la irregularidad con lujo de detalles —sus firmas estampadas y los sellos húmedos en cada pliego—, no parecen entusiasmados en tomar medidas al respecto. Reciben los alegatos, así como todos y cada uno de los escritos redactados por Brito, que no son pocos. Brito es un hombre exhaustivo, podría decirse que obsesivo, y no deja nada al azar, pero apenas da la espalda parece que el tiempo se congela, no se les da curso a sus denuncias. Sumario acaso inscrito en un bloque de mantequilla, resbala en las manos de los encargados de que se haga justicia. Temor, complicidad, falta de compromiso, desesperanza, sangre de horchata, el sofocante calor: la rémora es inmensa.

No hay arbitrio ni juicio en la confrontación que entablan los intrusos, y Franklin Brito, ciudadano a quien la ley aísla y el poder desaira, asume íngrimo su defensa, ubicado por fuerza de la irracionalidad en la cuneta del Estado de derecho. La justicia no es ciega con él, lo identifica y se ceba en su contra, y él, hombre cuyo coraje revelado a todos sorprende, dará la pelea amparado en la norma que aprenderá al dedillo, convirtiéndose en un contrincante de talla homérica. Si los usurpadores alzan una cerca, Franklin Brito se las tumba, y si vuelven a levantarla, él insiste en repetir la rutina, escudado en el derecho que le asiste, y desde su talante casi zen, decidido pero inalterable, y sin hacer gesto violento alguno; esta *performance* no lo es de ninguna manera. Jamás vocifera ni les reclama con improperios a los vecinos. Ni siquiera cuando lo amenazan a muerte.

Mi papá fue un hombre valiente: habló siempre sin rodeos y con la verdad, a la vez que fue un convencido de la paz. Cuando los vecinos invadieron nuestras tierras él les leyó la cartilla sin ofuscarse, y sin resultado alguno. No se amilanó, pero tampoco pareció afectarse cuando tiempo después el capataz de una de las fincas colindantes, un hombre físicamente parecido a él, altísimo y fornido, le advirtió que no volviera a intentar tumbar la cerca que había levantado ¡en nuestras tierras! porque se las vería con él y ¡toma! ¡le asestó un puñetazo en la cara que le reventó los lentes! Yo estaba furiosa pero papá ¡inexplicablemente no! Como si nada hubiera pasado, inmutable, en control, recogió del suelo lo que quedaba de sus lentes y solo dijo que seguiría su lucha. Después ese mismo sujeto lo amenazó con una escopeta.

Ninguna autoridad detiene de una buena vez la incongruencia ni la virulencia contra Franklin Brito, así como tampoco parece provocar demasiada estupefacción su causa en la platea. Tal vez la gente está abrumada con la capacidad reproductiva, tan atolondrada, que tienen en esta hora aciaga los disparates, y ni en Guarataro, ni en Bolívar, ni en el país alcance el tiempo para el intento. Lo cierto es que aun cuando toca sensibilizarse por tanto, la saga de Franklin Brito, tan excesiva y tan conmovedora, no suscita un debate profundo, no apenas esporádico o de ocasión. En Guarataro las gentes se inquietan, susurran, miran al vecino y sus bardas arder y le aconsejan olvido y que, como ellos, intente seguir con su vida. En Caracas hay quien lo ve como el distinto de la camada, que desde un desconocido

extreme se arriesga peligrosamente; como alguien que no
entiende el contexto y su consistencia laxa. Fofa. Mientras,
ufanas, campantes y a los ojos de todos prosiguen a su aire
la anarquía, el primitivo anhelo de venganza y la ausencia de
sindéresis.

El 28 de mayo de 2003, el ciudadano Rafael Gregorio
D'Amico Baquero clausuró la única vía de acceso a mi
fundo y ese mismo día la reabrí. Entonces el 1 de junio la
volvió a clausurar y juró que si yo volvía a abrirla me iba a
dar un tiro,

dejaría constancia por escrito, como es usual, Franklin Brito.

A finales de octubre la clausura definitivamente. Y
convierte mi finca, que cree que es suya, en una jaula de la
que mi familia y yo quedamos fuera.

Increíble: a sus anchas, la barbaridad asciende un
peldaño más.

Quién sabe a cambio de qué favores y fidelidades
obtuvieron los vecinos la buena pro de las autoridades
para perturbarnos; para nosotros esto era equivalente a
quedar a merced del verdugo, porque eso es lo que fue el
poder con nosotros, aun cuando se supone que su deber era
protegernos,

desliza Ángela Brito.

En efecto, la arremetida viene con más. Ahora los vecinos
invasores se permiten dragar con una retroexcavadora una
zanja de casi dos metros de profundidad y más de un metro
de ancho junto a la ajena puerta de acceso, de manera que,
si antes era imposible pasar, después de este despliegue
de fuerza bruta los Brito ni siquiera pueden aproximarse
a su entrada. Improbable acceder en carro, ni siquiera a
pie, a menos que vayas en helicóptero, o tengas alas, o seas
un canguro, o Tarzán y consigas colgarte de una liana.

La hacienda, tras el timo promovido y respaldado, se les convierte en quimera, en impotencia, en frustración. Iguaraya se torna inalcanzable.

Por si fuera poco, se le oirá decir a más de un funcionario local, en referencia a los invasores, que luego de tanto tiempo ¡cómo se podría pensar en arrebatarles las tierras a los nuevos dueños si ya les pertenecían!,

suspira Elena de Brito. Como si fuera lo correcto la consolidación del desatino en vez de corregirse. Como si correspondiera, frente a tal agravio, un gesto de adhesión pero con quien lo cometió. ¿Y por qué no orientar la compasión a Brito? ¿No era la víctima?

*¿Por qué no se reconocieron **nuestros derechos?***

¿A qué viene semejante cayapa?

Franklin Brito no ceja, persiste con la voluntad de quien supone la cercanía de la meta; sin imaginar lo tanto que falta y se le viene encima, no se arredra. Pero como quiera que le dan tantas largas a la respuesta esperada —nunca llegará en realidad—, considera dejar la tierra donde tiene lugar la defraudación, pensando que fuera de los linderos de los que está excluido, y de alguna manera acorralado, conseguirá justicia. Que lejos del *sitio* las cosas tomarán una proporción más soportable, su justa medida. Nunca tan birladas las mínimas convenciones de civilidad, nunca tan aviesa la arbitrariedad, el maestro creerá estar atrapado en páginas galleguianas —doña Bárbara y Santos Luzardo reeditando cada tres por dos su añoso pugilato—, sin descartar el absurdo, lo terrorífico, lo trágico de las de Kafka, Poe, Lovecraft o Sófocles. No olvidar, más bien, que este drama es historia real y reciente, y que tuvo lugar frente a nuestras narices. Exactamente en el alma de un hombre increíble.

Le costaba seguir derecho hacia el colegio o al mandado que
le encargaban sin detenerse, aunque fuera un ratico, para una
zambullida. Se quitaba los zapatos, los pantalones, la camisa,
y se sumergía en aquel fluido vital, tibio, musical. Enamorado
de la playa, le resultaba irresistible. Después la mamá lo
recibía con la misma pregunta: por qué la demora,
y sin darle tregua le pasaba la lengua por la nuca: *estás
salado*, se hace eco de la anécdota tantas veces oída —no
se le diga decreto—, Elena de Brito. Niño tranquilo de una
reiterada travesura, el talante de Franklin Brito contendría la
franqueza y rotundidad de ese hipnótico paisaje costero de
Sucre, de temperatura sin ambages, luz crucial, netos azules;
signado de una tenacidad primitiva, una generosidad sin
rodeos, la permanente presencia de lo profundo a ojos vistas:
en el cielo y en las aguas sin límite.

De Irapa —allí nació el 5 de septiembre de 1960—,
y presentado en Río Caribe, donde pasa su infancia y
adolescencia —también es donde ahora reposa—, fue criado
sin prodigalidades y con gusto por saber. Amaba el mar, sin
duda, y la música; no era fiestero, pero alegre sí. Y como buen
oriental, adoraba comer pescado en todas sus formas, frito,
asado y en sancocho, *lo cocinaba muy bien*, así como tenía
voraz predilección por los dulces: arroz con leche, mazapán,
conservas de coco, majarete, ay.

*Siempre fue muy tranquilo desde niño, según me cuentan y,
esto sí me consta, fue un hombre muy familiar, le gustaban
las reuniones con los suyos, que eran tantos,*

asiente Elena de Brito.

El álbum familiar de Franklin Brito es enjundioso: hijo de

Pedro María Brito Velásquez y Josefina Rodríguez, tuvo quince hermanos, cuatro de padre y madre: María, Pedro, Gustavo y Azhuri, la que lo precedía y con la que hacía una llave invencible,

de niños, ella le hacía cosquillas y él confesaba todo.

Dos más que nacieron después de él, cuando su madre se casó con Henry Lares, su padrastro desde que él tenía cinco años: Carlos y Henry. Dos mayores que tuvo su padre, antes de conocer a su mamá: Araminta y Moncho. Cuatro que tuvo después con Teresa, su segunda esposa: María Magdalena, Teresa Indira, Blanca Eugenia y Francisca del Valle. Y dos más que tuvo también su padre con la señora Buenaventura: Roselis y Wolfgang. Lo asombroso es que mantenía contacto permanente con todos: eran aliados, entrañables y usuales contertulios.

Franklin adoraba conversar, era muy hablador, aunque sin duda también disfrutaba muchísimo estar a solas, consigo mismo. Sin ser un taciturno, un ermitaño, se abstraía en sus cavilaciones, que se convertían después en inventos, siempre tenía una solución para todo, desde ideas para salvar el mundo hasta objetos de utilidad,

lo echa en falta Elena de Brito.

Era un hombre al cual le atraían muchas cosas y no necesariamente las más comunes: no jugaba dominó, no fumaba, no bebía...

Visto como alguien sin parangón, aquí y extramuros, asombra que Elena de Brito diga que Franklin Brito era

una persona normal, bueno sí, aunque ciertamente la honestidad no lo sea tanto.

También lo recuerda como

un hombre de buen carácter, un trabajador incansable y un

*apasionado del medio ambiente, en ese sentido, visionario
y de avanzada, que, aunque siempre mantuvo el entusiasmo
por lo urbano y se tomaba a sí mismo como un observador
de los fenómenos sociales, y fue un curioso lector
interesado tanto en la narrativa de ficción como en textos de
economía y política, se dejó seducir irremediablemente por
la naturaleza.*

La vida del campo lo imantaba de manera irrefrenable. En sus misterios y belleza encontraría pistas para el ejercicio de la humildad que fue su bastión y su fortaleza.

Accesible y afectuoso, pero no efusivo, fue un padre de familia con los pies en la tierra, en la suya, en la usurpada, comprometido con sus creencias y convicciones hasta la médula

*y tan decente que los forajidos lo consideraron una
amenaza.*

Sin proponérselo puso en jaque la credibilidad del sistema.

*Franklin, y creo que su vida toda es un modelo de eso, fue
un hombre insobornable que se jugó el pellejo con el único
interés de ser escuchado para que se enmendara la plana.
¡Pero si es que la gente se asombraba de que no aceptara el
dinero que le ofrecieron para cerrar el caso y se callara la
boca de una buena vez! ¡Nuestros amigos nos lo decían!*

No exagera Elena de Brito en el retrato hablado. Más bien cuesta creer que le haya adjudicado el calificativo de normal a este hombre incomparable.

*Papá decía cosas tan impecables, tan derechas o tan
imposibles como por ejemplo que el familiar de un
secuestrado debería resistirse a pagar la coima que piden
los forajidos a cambio del rehén porque con eso se legitima
el delito, y que si nadie pagara, aun cuando ello implicara
un gran riesgo, o peor, un gran costo, el secuestro*

dejaría de ser una opción criminal. ¿Te imaginas? Yo le
preguntaba: ¿y qué pasaría si me secuestran a mí? ¿Me
dejarías abandonada a merced de los delincuentes? Él
me aseguraba que en el supuesto negado de que algo así
pasara él movería cielo y tierra hasta encontrarme, pero
me repetía de nuevo sus razones sobre cómo deberían ser
las cosas. Decía que la dignidad es lo más importante que
tenemos, que es justamente lo que nos hace humanos...
mejores humanos.

Buena parte del país, articulistas, vecinos u observadores que han sido testigos presenciales, aunque no parecen digerir con facilidad la trayectoria que traza Franklin Brito, se conduelen de *su suerte* y coinciden en que así como obstinado

fue, sin duda, un ciudadano íntegro,

que siempre actuó dentro y en busca de la ley. Gentes de Guarataro, ese pueblo pequeño, ese infierno grande, han dicho a la prensa que a veces no lo entendieron mucho pero creían en él. Lo ven como un hombre desmesurado, incomprensible tal vez, pero intachable. Precisamente esa, su cualidad más obvia, fue la razón de su lucha, la honorabilidad. Jamás consintió pillerías ni se dejó tentar por las ofertas que llegaron a susurrarle para darle un cierre trucado, con antifaz, a su caso.

Desvergonzados los que intentaron comprarlo, esos sí,
¡y no pudieron!,

respinga Elena.

Franklin Brito fue un extraordinario venezolano,
un ejemplo de cabalidad

—da su aval Alberto Arteaga Sánchez, reconocido hombre de leyes, profesor universitario, articulista y miembro de número de la Academia de Ciencias Políticas y Sociales—,

un ciudadano que haciendo uso de sus derechos, y con

*una perseverancia que implica temple y convicción, se
constituyó en una voz fundamental de la dignidad. Un
hombre recto y correcto que sin retórica desafió al Estado
con su conciencia, sin aceptar ningún tipo de transacción
que contraviniera la legitimidad de sus razones,
persuadido de que cedes para llegar a acuerdos cuando
lo que está en juego son elementos de otra índole, pero a
sabiendas de que los principios no
se negocian,*

añade Arteaga Sánchez.

*Intentar enlodar su nombre sería tan cuesta arriba como
bochornoso.*

Carlos Escarrá hizo el intento.

Cuando parece que no conseguirá una sola alma juiciosa que escuche sus razones, una institución que defienda sus derechos, un interlocutor que hable su mismo idioma —de pronto el gran conversador se encuentra hablando solo—, Franklin Brito decide viajar a Caracas, donde tienen asiento los poderes de la república, para introducir las imputaciones correspondientes. Cree que en la capital se le resolverá el problema de la incautación que compromete su propiedad y será atendido desde una perspectiva más justa, y así llega, con el cartapacio de documentos que han ido desorbitando el expediente del proceso. Pero en realidad es en Caracas, lastimosamente, donde ocurrirán los episodios más crueles de esta historia que le lleva la vida. En Caracas, Franklin Brito, cual Andrea de Ledesma repeliendo él solo a los enemigos que quieren subyugar el valle caraqueño, se encumbra en el olimpo de los grandes. Pero los organismos que son como aquellas huestes, empequeñecidos por sus pillerías y miserias, lo empujarán a la centrífuga que siempre aleja la honrosa solución.

Querella que es una rémora desquiciante, los Brito serán acarreados a vivir un trance que los asfixiará como una constrictora gigante. Guion cuya trama intenta a toda costa torcerle el rumbo al hombre que se abre camino a troche y moche en pos de la meta que no ve cerca, pero imagina estará después de los pedregosos meandros, la familia verá al padre, que ya se ha batido sin proponérselo con Figarella, ahora enfrentarse a brazo partido contra la injusticia, hasta librar un duelo de tú a tú con el propio presidente Chávez, que es tal como interpreta Paula Vásquez la contienda trabada entre el huelguista y el poder, mientras la conclusión de la trama se parece cada vez más a una utopía.

Lo cierto es que, persuadido de sus razones, con porfía, y
sin otra arma que sus alegatos precisos y la probidad como
santo y seña, supone que en Caracas podrá hacer valer sus
derechos de ciudadano. Han sido vejados y para vivir han
estado dependiendo de las ayudas familiares. Tiene que haber
una salida. Por lo que, en vista de que no reciben más que
respuestas ambiguas y evasivas, toman la difícil decisión que
toman, seguros de que conmoverán por fin a las autoridades.

Entonces Franklin Brito apuesta a un gesto impactante
que lo deposite en las primeras planas y en la mira de los
que deciden:

*una huelga de hambre: un castigo para el cuerpo y una
prueba de resistencia para el alma,*

como dice su esposa. Acosados por quienes se empeñan
en volverles la vida laberinto, luego de dar vueltas ciegas en
el atasco, en consenso con la familia —Elena de Brito, de la
misma madera de su esposo— coinciden en que la capital
será donde los organismos competentes desaten el nudo
gordiano que los pares locales, los burócratas de Bolívar,
han comenzado a atar con esmero. Arrancan la marcha.

*Fue una decisión durísima la que tomamos. Pero es que no
nos dejaron otra opción.*

Tras un par de días en los que rondan las inmediaciones de
Miraflores, intentando montar allí campamento, los Brito, que
no cargan más que las mochilas de emergencia —y la carpeta
completa con la pila de denuncias—, convencidos de que la
estada en Caracas será cosa de pocos días, el 24 de noviembre
de 2004 se instalan el matrimonio y los cuatro hijos frente a la
sede de la Vicepresidencia de la República. Sí, también de esas
oficinas Franklin Brito había sido pertinaz remitente.

*Aquí en Caracas consigné en todas las instituciones
posibles copias del caso; llevé a la Fiscalía, cuando a su*

*cabeza estaba Isaías Rodríguez, y también por supuesto
a la Vicepresidencia, donde comenzaría mi itinerario de
huelgas de hambre. El 20 de agosto de 2004, el entonces
vicepresidente de la república, José Vicente Rangel,
reenvió el oficio VPS N° 11629, que contenía el informe
del proceso, al defensor del Pueblo, Germán José
Mundaraín Hernández. Le pedía que estudiara mi caso.
Me tomaron la denuncia en la Defensoría. Ah, pero fue
más bien una burla. Me dijeron que por lo complejo del
problema tenía que anexar otros datos y articularlos,
y entonces cuando les entregué los documentos como
me lo pedían, me respondieron que había repetido
cosas que ya estaban apuntadas en las otras cartas, que
volviera a empezar... una estrategia para manipular los
contenidos y el tiempo...,*

diría Franklin Brito haciendo acopio de su proverbial
paciencia.

Allí, pues, en la avenida Urdaneta, frente a ese soberbio edificio
suscrito por Carlos Guinand Sandoz, cuyas figuras destacadas
en el bajorrelieve se convertirán en tristes testigos de la
indiferencia de los que detentan el poder, en ese punto donde se
imaginan que sus problemas serán resueltos, comienza lo que
será el desgarrador periplo que han de transitar.

Semejante idea,

reitera Franklin Brito el primer día de huelga de hambre,

*nace de la necesidad de ejercer presión para recuperar
nuestras tierras ocupadas arbitrariamente, luego de
haber intentado alcanzar por las vías expeditas, y hasta lo
indecible, una justa respuesta.*

Brito dice también a los medios de comunicación que

*asimismo sumo a mis reclamos el justo anhelo del pago de
un año y medio de salarios represados,*

luego que él y su esposa fueran despedidos sin razón de las
escuelas donde habían sido profesores.

*La expropiación y los despidos que nos afectan tienen
origen en la venganza, no hay otra razón, y contra eso mi
familia y yo damos una batalla figurada, eso sí, porque
somos gente de paz. Pero queremos ser escuchados
por fin por quienes imparten la ley, para que conozcan
la infamia que se está cometiendo contra nosotros y
nuestra tierra. Y sobre todo queremos que se produzca
una solución justa, tenemos ese derecho y esa aspiración,
por eso inicio esta huelga de hambre, señoras y señores,
porque he intentado infructuosamente ser atendido como
ciudadano y ya se han agotado todas las instancias a las
que podía apelar.*

Además de que ha sido extrañado de las aulas de clases,
quien también fuera despedido del Instituto Municipal de
Desarrollo Agrícola y de la Federación de Campesinos de
Bolívar tras haber realizado las correspondientes denuncias y
consignar pruebas ante las autoridades locales sin resultado
alguno, como manifiesta en la que acaso fue su primera rueda
de prensa, el hombre corpulento que pronto será el de la triste
figura justifica así el viaje a Caracas: como

*una decisión tomada para ejercer mi derecho democrático a
reclamar de manera pública y pacífica.*

Con renovados bríos se instalan en la acera que da acceso
al imponente edificio público y, tras hacer una inspección
por la zona, acuerdan que se asearán en los baños públicos
de la plaza Andrés Eloy Blanco, la misma donde Lina Ron
capitanea las huestes declaradamente rojas y hostiles —valga
la redundancia—, que son favorables al gobierno que Brito
cuestiona. No será problema.

*No, no fue fácil, ella quería que nos fuéramos de allí, porque
esa ¡era su plaza y esos sus baños! Una locura.*

Lo público convertido en privado y lo partidista asumido como imposición totalitaria, y todo mezclado en una extraña interpretación ideológica.

Supongo que nos veía como adversarios, siguiendo el manual de uso: si no estás conmigo estás contra mí. Imaginaría que si a la vista de todos protagonizábamos una manifestación en pro de nuestros derechos vulnerados no le hacíamos ningún favor al gobierno.

Sobre cartones y con una cubierta de plástico como sábana, como protección del frío o las lluvias, pasaron poco tiempo ubicados allí, pero no precisamente porque la reparación forjada a pulso llegase pronta y expedita. Horas de incertidumbre, de día están en la acera del viceministerio y de noche, enfrente, resguardados bajo el pórtico de acceso del edificio por el cual fue premiado el arquitecto Tomás Sanabria, el Banco Central de Venezuela, alzado sobre un diseño de plaza abierta a ras de la ciudad con la intención de que la obra dialogue con Caracas. ¿Consiguió Brito lo que se propuso Sanabria?

Todo parecía patas arriba, y no solo nuestra propia circunstancia. La anarquía concentrada en la llamada Esquina Caliente, la violencia que podía respirarse, era una realidad para temer, una experiencia absolutamente extrema en el espacio público que Lina Ron colonizó. Nada que ver con civilidad,

analiza con sabiduría la maestra.

Argumentos todos que reforzaban más aún la idea de Franklin sobre la importancia de nuestra causa: el respeto a los derechos. Malo que vivimos todavía en un país de trincheras y de impunidad, conducido al desfiladero por seguidores del credo del guapo y apoyado, la informalidad y la ausencia de institucionalidad,

resume la desoladora circunstancia.

El reclamo de sus derechos y la escenificación en la calle de
la huelga de hambre por parte de toda la familia Brito es un
evento que acapara la atención de transeúntes y, sin duda, de
los periodistas, pero no logra una reacción inmediata entre los
empoderados que deciden; no la que esperaban. Lo que les hacen
saber, y de manera brutal, es que incomodan. En un instante en
que Franklin Brito está solo —la familia hace alguna gestión cerca,

tal vez comprábamos pan,

supone Elena de Brito,

que todavía se conseguía de manera normal, sin colas—,

se le acerca un uniformado. No, no era portador de buenas
noticias, más bien de un rolo.

Sin mediar palabra, en realidad por la fuerza de los rolazos,
los primeros que recibe en Caracas, lo obligan a despejar
el sitio, de manera que cuando regresan Elena de Brito y los
niños él no está y no hay rastros que indiquen a dónde lo han
llevado. Preocupada —vivirá ese retorcimiento en la boca
del estómago una infinidad de veces más—, comienzan a
buscarlo por los alrededores. Ángela, atrevida que es, se
enfrenta a los guardias y empieza a decir, voz en cuello, que
su padre ha sido secuestrado. Hasta que algún malencarado
de uniforme masculla que vayan a buscarlo en la plaza
Bolívar. Allí está herido. Elena de Brito busca hielo y vendas
y consigue socorrer a aquel hombrazo. Los Brito convienen
en que van a proseguir la protesta

—todo lo decidíamos en familia—

pero se mudarán de espacio.

Tenían entonces *solo* dos semanas en huelga; fueron siete
años. ¿Cómo resistieron entre tanta precariedad? ¿Cómo
decidieron entonces vivir a la intemperie con dos hijas
adolescentes y dos hijos pequeños? Desde la confianza de
que vencerían, y de que esa victoria no tardaría en llegar.

La plaza Miranda, la nueva estación del viacrucis, es albergue de una agitación febril que resume la heterodoxia urbana con todos sus bemoles. La atraviesan innumerables viandantes y lugareños curtidos que van y vienen a realizar tediosas encomiendas burocráticas o ir a sus ocupaciones.

La deambulan niños acaso de los edificios cercanos, ancianos olvidados y ancianos con olvido. La cruzan los vecinos, los alojados en pensiones cercanas, los desempleados, los mendigos y los que buscan lo que no se les ha perdido. Ubicada junto a la siempre concurrida avenida Baralt, cerca hay oficinas públicas y claro, funcionarios que podrían conmoverse con la imagen dolorosa de estreno. Seguramente ahora sí concitarán un buen jaleo. De manera que con los inverosímiles aperos, los morrales, las carpetas, los cartones, los plásticos y una mesita plegable, los Brito caminan hasta su nuevo refugio,

*seguros de que en este nuevo espacio podríamos captar
la curiosidad de todos, tal y como era nuestra aspiración,
sin que nadie nos reclamara que estorbábamos porque
estábamos en una acera,*

asegura Elena de Brito.

Al principio creen los transeúntes que son indigentes. Las prostitutas que tienen marcada la zona los miran con recelo, o acaso solo sea asombro: hasta le salivan piropos al hombre corpulento y fortachón que lleva pantalones cortos y camiseta,

es que Franklin era bellísimo.

Asimismo los ven con curiosidad y tentados a acercarse, los hambrientos. Ratas cebadas y perros famélicos los

emboscarán sin tapujos a la hora de compartir cada loncha
del ralo sustento, y tendrán que sortear con recurrencia el
olisqueo de hocicos y la proximidad de belfos y colmillos.

*Sí, y ahora sería peor, había hambre pero no el horror
de ahora,*

lucubra Elena de Brito en tiempos, ay, de ayuno generalizado.
Sin trabajo y con los bolsillos exangües, renuevan la apuesta,
esa que los parientes cercanos, luego de haberles dado apoyo
en el desamparo vivido en casa, desaprueban. No disimulan
su desacuerdo con la decisión tan riesgosa que han tomado.
Están solos los Brito.

*Cada noche teníamos el mismo temor: que se nos
encaramaran los ratones y las cucarachas.*

Con el agua filtrada que desechan los viandantes

—mi mamá es una obsesiva de la limpieza,

sonríe Ángela Brito ante la imagen tan surreal—, Elena de
Brito asea el área del suelo donde duermen, si es que dormir
es esa interrupción constante del sueño por cualquier ruido,
chasquido, el crujir de una hoja seca, el viento desplazando
algún papel, algún bicho arrastrándose.

*Claro que resulta insólito haber decidido estar allí tan
siquiera un segundo,*

concede Elena de Brito,

*pero teníamos que instalarnos en el espacio público porque
queríamos dar a conocer nuestra causa, hacerla visible a
los ojos de jueces, autoridades, comunicadores, dirigentes
políticos y líderes sociales, la gente, el país. Por eso no
podíamos seguir en Guarataro o acomodarnos en un hotel
en Caracas para hacer puras gestiones, imagínate, si no
teníamos ni cómo pagarlo, habíamos sido despojados y es
precisamente lo que queríamos que fuera evidente: que*

estábamos al garete, sin techo y dispuestos a conquistar lo
perdido,

explica cómo organizan el lance. Urgía que fuera tomada
esa foto de la familia unida en la tempestad y urgía que la
huelga de hambre de Franklin Brito, esa forma de protesta
pacífica, ese inmenso esfuerzo suyo, y de toda la familia, fuera
monitoreado.

Sí, he pasado de nuevo por la plaza, por supuesto que se me
remueven muchos sentimientos, pero sobre todo regresa
un dolor que más bien no se ha ido del todo,

suspira Elena.

Días suspendidos en la trastienda de la memoria, donde ha
construido la tabiquería más insondable, jura Elena de Brito
que la variedad de imágenes que se agitan con el ejercicio
de recordar es perturbadora. Un repertorio que va del dolor,
el miedo y la ansiedad de vivir expuestos y a la intemperie,
a la sensación de que están exiliados de su propia vida. De
sentirse como en una pecera, a la vista de todos, a la certeza
de ser ignorados. De tener esperanza cada mañana, al repaso
tempranero de la minuta y el itinerario ideal, a preguntarse,
al atardecer, por qué y hasta cuándo. Todo empeñado en
una apuesta peligrosa y todo venido a menos, a menos cero:
la vida en pareja y la intimidad amatoria; la vida cotidiana,
toda; la educación de los muchachos. Vivirán en una
espesa pausa, en un tiempo adiposo, palpable, oscuro, solo
protegidos por sus propias pieles. Cobijados por sus propios
sueños. O por unos plásticos. Ninguna certeza bajo el cielo y
sobre el duro suelo.

En medio del horror, tengo que admitir que también
vivimos milagros, la Iglesia siempre nos apoyó y sigue
siendo un respaldo inmenso, a nosotros se nos manifestó
su aliento de fe de muchas maneras; cuando estábamos en
la plaza Miranda, por ejemplo, despertamos la curiosidad

*de unas monjitas que empezaron a visitarnos cada tarde,
y rezaban cerca, de rodillas, con y por nosotros. Luego,
pródigas y amorosas, comenzaron a traernos refrigerios
que nos preparaban especialmente, y por último asumieron
el lavado de nuestras ropas con una humildad asombrosa;
no, claro que nosotros no queríamos que hicieran eso*

—corta Elena de Brito—,

*pero insistieron tanto que tuvimos que hacerles caso, nos
convencieron con el argumento de que no nos servían a
nosotros sino a Dios.*

Son las monjas las que les darán refugio después.

Como todos sus hermanos, Francia Anaís, la mayor y frisando
los dieciséis, ha dejado en suspenso las clases, en su caso,
el cuarto de bachillerato. En la plaza está a cargo de un
improvisado ventorrillo de golosinas, vende café y obleas,
para ayudar a la causa, o más bien se las come: muchos
clientes, después que las pagan, se las regalan; al cabo de
un año se irá y terminará sus estudios de Contaduría en el
núcleo de Ciudad Bolívar de la Universidad de Oriente. De vez
en cuando regresará a Caracas a hacer turnos por la causa,
con la familia. Ángela Iguaraya también se irá a terminar
el bachillerato e ingresará después a la universidad para
graduarse en Ingeniería Geológica. Después Ángela, el último
año de vida de Franklin Brito, se quedará en Caracas a cargo
como vocera de su papá y su mano derecha, acompañándolo
día y noche en el Hospital Militar.

En medio del tremedal en el que están unidos, todos asumen
que tienen que llevar sobre los hombros la carga del destino
escogido junto al morral de libros; sin chistar se hacen cargo
de su cuota de colaboración en el sólido y a la vez precario
engranaje que construyen para subsistir mientras alcanzan
la meta que se han propuesto. Y hasta que también se van a
Guarataro, los pequeños, unos críos, aparentemente menos

afectados por el trastorno, corretean por la plaza. Juegan
a las escondidas. No saben que todos los ven. ¿Los ven?

*Claro que fue duro, no solo ver el sufrimiento de papá, su
sacrificio nos cambió la vida a todos; no, no, no*

—ataja Ángela Brito—,

*no es un reproche, hubiéramos deseado que fuera
diferente, claro, pero solo digo la verdad, fue duro,
muy muy duro,*

confía.

*Como cuando nos tocó por un tiempo vivir solos en
Guarataro, yo rondaba los dieciséis y mis hermanitos no
tenían ni siquiera diez, lo hicimos para seguir estudiando,
mientras mis padres se quedaban en Caracas. Mi abuela
nos cuidó hasta que su esposo se enfermó y tuvo que
regresar a Barinas y entonces ¡yo quedé a cargo! Pasaron
muchas cosas, imagínate. Pero la peor sin duda fue cuando
un desconocido comenzó a acechar nuestra casa por las
noches, blandía un machete y nos gritaba desde la puerta
que nos mataría... No, nunca supimos por qué nos quería
asustar o hacer daño, si lo enviaba alguien, nada; pero
antes que el lunático consiguiera saltar la tapia mi papá
desde Caracas hizo gestiones para que la policía, que no
oía mis denuncias, se acercara... Vivíamos en esa zozobra,
hasta que nos regresamos de nuevo a la capital con ellos.*

En la plaza, vulnerables ante la intimidación que suponen es
planificada —más de una vez son asaltados—, y apremiados
por la realidad, se las ingenian. Elena de Brito comienza
a manejar en una línea de transporte público anclada en
Caricuao, dinero que suma al que le producen las clases
particulares que ofrece en ciertas horas de la compleja
jornada cotidiana: recordar que permanece fuera del sistema
educativo.

Yo no existo para el Ministerio de Educación.

Entretanto, Franklin Brito no cede en su empeño por ser escuchado, los niños faltan a clases —así por año y medio— y, hasta que una tía los acoge, siguen durmiendo sobre el duro piso. Un ojo abierto y otro cerrado. Qué ingrato.

Lo que dijo Carlos Escarrá ante audiencias públicas es que
Franklin Brito realizaba una huelga de hambre cada vez que
necesitaba dinero. Ni Margaret Thatcher, la primera ministra
británica a la que le endilgaban el remoquete de la dama de
hierro, la que nunca llegó a acuerdo alguno con el huelguista
Bobby Sands, que murió en sus trece, ni demostró compasión
por él, dijo jamás nada tan cruel.

Estoy segura de que nadie creyó ni creerá jamás que pudo
ser cierto aquello que se atrevieron a decir ciertas lenguas
malintencionadas. Estoy segura de que nadie podrá nunca
darle importancia a una frase tan infeliz; reclamar justicia no
es pedir limosna, y la justicia, que es disfrutar de tus derechos
y que te resarzan cuando esta falla, debería estar al alcance de
todos, no ser un lujo que se administra a discreción,

se agita Elena de Brito con el regreso a travesías escabrosas.

Lo que poseíamos lo obtuvimos con nuestro trabajo
y fue destinado a nuestro proyecto de vida, nuestras
tierras escamoteadas. Mi esposo siempre, por lo demás,
tuvo desconfianza de todo cuanto le ofrecieron no como
razonables reivindicaciones sino como dádivas, con las
que intentaban, decía él, mantenerlo a raya. Por eso no
cobramos los últimos cheques que le entregaron ¡y todavía
están en casa!

No faltará algún fanático que, sin entender de decoro ni
de justicia, se sumará en portales incendiarios a difundir
la infamia que Escarrá deslizó. A algunos críticos de la
propiedad privada, convencidos de que el meollo del asunto
es *su materialista apego a la finca*, no a la ley, y pasmados
de que Franklin Brito

fue capaz de preferir unas posesiones antes que su vida,

e hiciera tanta alharaca por ¿esa tontería? de la invasión,
les costará creer que al agricultor desvalijado lo movió una
causa, y suscribirán que

el capitalismo le lavó el cerebro.

Lanceros de las filas chavistas que, antes que ver el estropicio
provocado por la falta de institucionalidad y las troneras
hechas a mansalva en el intento de darle el tiro de gracia a la
democracia, lo juzgarán como un

*confundido por la eficiente manipulación de los opositores
pitiyanquis*

y se arriesgarán a suscribir que fue

un egoísta, que debió ser compasivo con los sin techo,

desconociendo de palmo a palmo que fue avasallado por
gentes pudientes, desalmadas ¡y armadas!

*Me sorprende que algunos funcionarios se pongan en ese
plan, a difamarme y decir que sí soy un sinvergüenza, un
pícaro y un vago, como afirmaron, por ejemplo, algunos
funcionarios del INTI, y que además podría estar siendo
cómplice de delitos de corrupción. ¿No será al revés? ¡Qué
manera de interpretar las cosas, caramba!,*

reaccionará Franklin Brito.

Juan Carlos Loyo, ministro de Tierras y entonces presidente
del Instituto Nacional de Tierras, cuando Franklin Brito es
internado a la fuerza en el Hospital Militar —tras la que sería
la última huelga de hambre en la cuenta del rosario— lo visita
y, sin que el huelguista esté al tanto, lo graba. El contenido del
video provocará revuelo, como también será un escándalo
la dudosa edición que revelará, según comunicólogos y
observadores, las intenciones por parte de los adictos al coroto
de desacreditar a Brito, esa abreviada y a la vez consistente

piedra en el zapato o bota gubernamental. Acaso adalid de la que la prensa independiente tildará como campaña de desprestigio, el video lo difunde el propio Carlos Escarrá, funcionario que luego será coronado procurador general de la República. Un disminuido Brito explicará después a los medios (lo entrevista Daniel Viotto de CNN, la censurada cadena televisiva) que con esta *irrespetuosa grabación* se intentará hacer ver sus reclamos como una extorsión.

Juan Carlos Loyo, presidente del Instituto Nacional de Tierras, me preguntó, sin que yo supiera que tenía una cámara oculta, que si yo estaba conforme con recibir tres mil millones de bolívares, y yo le dije que a nosotros lo que más nos importaba era que se resolviera el problema de manera legal, y que si yo recibía esa cantidad para resarcir los daños, pero de manera legal, como debe ser, entonces yo levantaba la huelga, pero cortan esa parte para hacer creer que era yo quien le está solicitando esa suma, y realmente no fue así,

ofrece su versión y desmentido un contrariado y débil Franklin Brito.

Analistas de contenidos advierten que se produce un viraje en la manera de abordar comunicacionalmente el caso a medida que el estado de salud de Franklin Brito es más crítico y, en consecuencia, capta más atención dentro y fuera del país. Que mientras asciende su notoriedad se hace más acérrimo el trato que recibe de los poderosos. No parece muy claro el deseo de salvarlo, como promulgan los que dicen que quieren protegerlo en la mala hora, y que por ese motivo es que lo llevan —por la fuerza— al Hospital Militar el 13 de diciembre de 2010. La perspicacia de otros apunta, en cambio, a otras motivaciones. Que lo que mueve a los poderosos es el afán de callarlo, neutralizarlo o borrarlo de la escena a como dé lugar, y que una manera de hacerlo es el desprestigio. Enlodar su imagen, si fuera posible, mientras ellos se lavan las manos, si también lo fuera. En ese dramático 2010 en que tanto padece el huelguista y han sido convocadas unas elecciones parlamentarias que ocupan la agenda política y noticiosa —están programadas para el 26 de septiembre—, los mandamases parecen estar muy interesados en disminuir la presencia embarazosa del huelguista, y encapsular la historia, de manera que no se refleje esa *boutade* en los votos.

No será entonces casual —causal de demanda sí— la opinión de sapos y culebras del conductor de un programa que se identifica con el diablo desde el nombre y que transmite Venezolana de Televisión, el canal del Estado convertido en apéndice del gobierno. El 6 de mayo de 2010, el susodicho escupe estas inefables palabras:

(...) de manera que si este señor decide morirse, bueno, estamos en un país libre y democrático. Todo el mundo tiene el derecho hasta de suicidarse. Lo que no tiene es el derecho a chulearse a todos los venezolanos, a seguirnos chantajeando. Porque las cosas que hay detrás de la historia de Franklin Brito es como para sacar el revólver y defenderse, así que yo creo que a pesar de que los canallas de Globovisión y de El Nacional *van a meter mucho ruido con esto creo que ha llegado el momento de dejar a este señor que haga lo que le dé la gana. Porque en ese video esta piltrafa lo confiesa: que si le dan tres mil millones de bolívares de los viejos lo deja de ese tamaño, ¡tremendo chantajista! Más nunca debe reunirse con él ningún funcionario. El último funcionario que debe ver a este sujeto es el director de la morgue.*

Tal parece que el oficialismo ha diseñado una línea discursiva y el ataque es contumaz y sincronizado. ¿No era más fácil, para contener la *amenaza*, resolver de manera expedita el caso? Optan en cambio por poner a Brito contra la pared,

frente a un pelotón de fusilamiento. Quien anuncia desde
el Ministerio de Información el plan —oxímoron— de la
hegemonía comunicacional, Andrés Izarra, deslizará en la
sincronía coral aquella infortunada frase de que

Franklin Brito huele a formol.

El escritor José Roberto Duque —el apellido no precisa
si nobleza obliga, cuál nobleza y obliga a qué— tomará la
sentencia en el aire y, desde la retórica, la convertirá en daga.

*Franklin Brito olía a formol desde el día en que lo
convencieron de que la propiedad privada era más
importante que la vida, incluida la suya propia. Franklin
Brito siguió oliendo a formol cuando su familia confundió
esa actitud suicida con dignidad y bandera de lucha.
Franklin Brito olió todavía más a formol el día que la
derecha venezolana lo estimuló y le otorgó un falso carácter
de heroísmo a su decisión de morir. Franklin Brito olía a
formol, como huelen a formol todos los estudiantes y demás
manifestantes que salen a la calle a protestar genuinamente
por reivindicaciones, y los zamuros de la política
comienzan a rezar (y a echar algún empujoncito) para que
haya violencia y muertos, porque en tiempos de elecciones
la muerte produce dividendos.*

Dogmáticos que creen ver en el porfiado la brizna de la
enajenación desde el temor real de detectar la viga de la suya,
se engancharán en una contienda inútil y cruel, desvinculada
de la realidad y del problema. La tozudez es consecuencia
de las ganas de pelear una injusticia, miran solo la tozudez
(ajena). A la vez, algunas personas no necesariamente afectas
al régimen fruncirán el ceño ante la inmensidad de espíritu
de Franklin Brito y creerán que su persistencia, más allá, sin
duda, de los límites convencionales —y que nos pone a todos
los demás mortales frente a un espejo incómodo de mirar—,
da cuenta de una constitución espiritual y una entereza

tales que resultan casi imposibles de entender. Objeto de miradas, más que de solidaridades, no faltará quien sospeche, asimismo, de su legendaria valentía y crea que tanto arriesgar su vida y la tranquilidad de los suyos en vez de convenir o aceptar o resignarse o contemporizar u olvidar, no tiene lógica, ni es normal. Que su fortaleza no es humana. Que tanta tozudez no es de este mundo. Que por eso se va de él. Que en realidad su tesón habría sido una forma de desequilibrio.

Ay, también será un tema tendencia, en la agenda hegemónica, el de la salud mental de Franklin Brito y ¡la de todos los venezolanos! La de los opositores.

12 | VIVIR Y DEMÁS DERECHOS

Quijotesco y digno, a este maestro que no conoce de atajos y que les rehúye, como a la flacidez de proceder de algunos, la condición de mártir nunca le pasará por la cabeza. Franklin Brito quiere vivir, no quiere morir, aunque implique un desmesurado esfuerzo no abandonar sus principios, su causa. Tampoco está entre sus anhelos hacer alardes ni recibir reverencias, su afán es uno muy preciso: que se haga justicia en el absurdo proceso al que es llevado a rastras, por la que busca infructuosamente arbitraje imparcial, creyendo en la dama ciega, que le es tan arisca.

No tenemos duda de ello, él quería vivir, siempre lo repetía,

dicen Elena de Brito y Ángela Brito, convertidas en la práctica en abogadas defensoras de Franklin Brito, y portavoces de sus anhelos:

él luchaba porque pensaba que había un futuro.

Pero es que él nunca se dio por vencido, ni por un rato, en la plaza, ante las autoridades, en los tribunales, en la finca o al final, en el Hospital Militar, siempre se mantuvo dentro de la certeza de que por fin se haría justicia. Desde allí, donde estuvo nueve meses confinado, el 29 de mayo de 2010, con 46 kilos y en sus cabales, escribió una carta a la Oficina de Derechos Humanos de la OEA, un documento de cincuenta páginas en el que hace un inventario de los sucesos y pide la intervención urgente en su caso.

Eso confirma que tenía la intención de ser oído, atendido; ese documento es una demostración de que estaba en pie de lucha, para nada entregado; alguien que ha perdido la fe no intenta nada más, no hace ese inmenso esfuerzo, agrega Elena de Brito. En ese documento, Franklin consigna

un texto inspirador, motivador; no es la cita que quiere
difundir alguien que ha claudicado: «Para mí, y coincido
plenamente con Liu Xiabo, los seres humanos no nacemos
esclavos ni desiguales, la esclavitud y la desigualdad no se
deben a gobernantes muy poderosos ni imponentes sino a
que los gobernados se rinden, Franklin Brito y su familia no
nos rendiremos jamás».

No será casualidad que Elena Brito escogiera como la música
que antecede a su aló en el celular una canción cuya letra
dice *no me canso, no me rindo, yo no me doy por vencido*. La
tenacidad como marca de familia.

Y como la esposa y la hija, el arquitecto Feliciano Reyna
también cree que la intención de Franklin Brito fue persistir
hasta vencer, y vencer iba más allá de rescatar sus tierras: que
además se anotara aunque fuera un tanto a favor el Estado de
derecho.

*Su anhelo fue ser agricultor, por eso quería que se
resolviera el problema en el que lo involucra la sinrazón,
porque lo lesiona y además lo inhabilita. Asunto que
se complica porque hablamos de un hombre honrado
y decente que esperaba que a esa anhelada solución se
llegara por la vía correcta. No renunció y entonces es
empujado a interpretar el rol de víctima, pero ese rol no
es de su talla, él nunca quiso la compasión sino justicia, y
mucho menos morir, todo lo contrario,*

asegura el emprendedor y activista venezolano que dirige
Acción Solidaria, una fundación sin fines de lucro dedicada a
conseguir medicinas a los enfermos del país que peregrinan
de farmacia en farmacia, tantas veces sin ningún resultado.
Reyna, solidario, siempre fue un apoyo de los Brito, y todavía.

*La vida de Franklin Brito, hasta el último suspiro, es una
demostración de fe,*

agrega convencido de que Brito vivió ganado a la idea de
que, si el tiempo era una espada de Damocles, la justicia debía
llegar puntual para atajarla. Aun cuando hay quien cree que

*esa temeridad del huelguista se emparenta
lamentablemente con el suicidio, una circunstancia
extrema que provoca rechazo en la sociedad,*

y que Brito muere porque no le hace ascos a esa forma de
morir: morir por decisión propia, porque yo me dejo morir
—no por la causa, no por la indolencia de los demás que no
lo impiden—; circunstancia indeseada y repelida por los
venezolanos, la de que vuelve su cuerpo un búmeran.

*No. Él lucha y se arriesga porque cree, no porque siente
venir la derrota, él no quiere que llegue, ni que otro la
precipite, llega como una trágica consecuencia,*

reitera Reyna.

*Él ejerció un derecho humano, la huelga de hambre lo es.
Se trata de una forma de protesta que asume con todos sus
riesgos, pero no es un suicidio*

—interpreta, a su vez, Alberto Arteaga Sánchez—,

*él quería vivir. La muerte de Franklin Brito se produce por
otras razones, sin duda indeseadas por él y por su familia,
por supuesto. Quien haya sugerido lo contrario carece
absolutamente de sensibilidad. Los funcionarios que
acusan a la familia de no evitar este inmerecido dolor y de
azuzar esta lucha cometen una torpeza; peor, una infamia.*

El abogado Jesús Ollarves coincide con Arteaga Sánchez.

*La huelga de hambre es un derecho, una forma de protesta
contemplada en las leyes internacionales, no se trata de
un capricho, de una malcriadez como dijo alguna vez un
funcionario del gobierno; eso es, además de irrespetuoso,
desconocimiento de la norma, lo cual, por cierto, no es*

*algo que sorprenda, asesta. La huelga es una manera de
manifestación pacífica a la que recurre Franklin Brito
luego de que no son oídas en las instancias pertinentes sus
peticiones y es defraudado por el mañoso sistema al que él
interpela,*

añade.

*Por lo que es un exabrupto decir que él se buscó lo que le
pasó, semejante consideración no puede ser más cruel. La
reacción humana que cabe es la vergüenza y la condolencia.*

El catedrático, historiador, doctor en Ciencias Políticas,
doctor en Ciencias Económicas y Sociales y prolífico autor,
el chileno Fernando Mires, tan activo en las redes y tan
familiarizado con la circunstancia venezolana, sobre la que
escribe con frecuencia, pasión y a veces crispación, no dejará
pasar ningún suceso o desaguisado en la escena patria para
opinar. Muchos textos políticos y filosóficos sobre doctrinas,
argumentos, libertad, principios o derechos aluden
directamente a Brito.

*Le corresponde a la persona singular la libertad de pensar,
sentir, opinar sobre cualquier ámbito de su cotidianidad;
de tener sus propios gustos, ocupaciones, planificar su
vida como lo considere, de actuar sin perjudicar a los otros;
de reunirse. Para hablar de la existencia del espacio de
libertad política como garantía de la libertad individual,
cualquier forma de gobierno debe respetar, reconocer y
proteger en su totalidad la posibilidad del desarrollo de
las cualidades que configuran la individualidad, inclúyase
la desobediencia civil, como una forma de resistencia
activa e imaginativa, que consiste en un método de lucha
política, colectiva o individual, basada en la idea de que los
gobiernos dependen de la colaboración de la mayoría de los
ciudadanos de una sociedad, de la lealtad de los militares, la
policía y los servicios de seguridad civil.*

Radicado en Alemania, donde es profesor emérito en la
Universidad de Oldenburgo, como el consecuente cibernauta
que es, Mires navega en las revueltas aguas vernáculas y dicta
cátedra explicando concienzudamente que

*los actos de desobediencia civil se presentan en forma
de protesta mediante manifestaciones no violentas tales
como huelgas, jornadas de trabajo lento, los boicots, las
sentadas, creación de instituciones de gobiernos paralelas,
la objeción de conciencia, y responden a la facultad que
tienen los individuos y el colectivo de innovar, crear formas
inéditas de lucha política para socavar el poder abusivo
del contrario o lograr la reforma de una ley determinada,
la supresión de alguna injusticia o el derrocamiento
de todo un sistema político y social. Cuando se decide
ejercer la desobediencia civil hay que tomar en cuenta que
intervienen factores psicológicos y morales, capacidad de
movilización, aguante y persistencia en la lucha.*

Desde la libertad y el derecho que le corresponde, desde
la opción pacífica de la huelga de hambre, Franklin Brito
decide dar la pelea. Hará una novena de ayunos a lo largo
de los siete años que suma su porfía, tantos porque los
interrumpe cuando le dicen que sí, que todo se va a resolver,
tantos porque los retoma cuando no le cumplen. Una, en
las inmediaciones de Miraflores, dos en la plaza Miranda,
dos junto al Tribunal Supremo de Justicia, dos más frente
a la OEA, y las dos finales en el Hospital Militar, la última
de sed. Está claro: Franklin Brito quiere vivir dentro de
los parámetros y límites que estructuran su conciencia,
parámetros y límites que consagran asimismo las leyes; no
entre linderos difusos ni en los principios ni en su fundo. Está
persuadido de que, en algún momento —¡sería cosa de tener
más aguante!—, la cordura se impondrá y recibirá por fin la
respuesta diferida, *per se* palabreada e incluso consignada en
documentos firmados al desgaire por burócratas con poder

de decisión —directores de institutos, ministros de varios
despachos y hasta el vicepresidente del país—, que después
convierten lo acordado en el mapa aleatorio de rutas falsas y
destinos evadidos que trazan esta historia.

*Y en ese contexto pacífico pero no exento de tensiones y
riesgos*

—Mires parece que nos mira, que usa catalejo—,

*la desobediencia civil coloca en puntos opuestos al
poder y la libertad, el Estado y la sociedad, la tiranía y
la democracia, el Estado de derecho y el no-Estado de
derecho, la represión y la participación,*

termina de fotografiar la escena.

Desde su respiración, desde sus carnes, desde su conciencia, y
luego de tantos subterfugios y promesas anotadas en panelas
de hielo, Brito decide asumir la protesta.

*Franklin Brito intenta, entre otras opciones, ser escuchado
por quienes detentan el poder, por eso dirige sus mensajes
al presidente Chávez, no una sino varias veces: quiere
que su historia culmine con un desenlace justo cuyas
características explica con recurrencia,*

reitera Elena. Franklin Brito habla directo, mirando fijo a
la cámara, con la esperanza de que será ordenada por fin
una investigación sin reconcomios, imaginando que quien
tenga buenos oídos lo oirá y que encomendará a la obesa
burocracia que cumpla con su deber. En efecto, Franklin
Brito alzó su voz en reiteradas ocasiones, en realidad nunca
se calló, y con disciplina e inagotable esperanza agotó todas
las opciones y posibilidades legales a mano, nadie puede
decir lo contrario. Hasta que se agotó él. Por su parte, Chávez
no resolvió, hizo el amago.

*El caso de Brito condensa una lógica política y una manera
de gobernar que he llamado el «militarismo compasivo»:*

*una autoridad, a menudo un militar, es la que decide quién
sufre y quién no, quién merece la atención del gobierno y
quién está legitimado para presentar demandas. El poder
que despliegan los funcionarios sobre la vida cotidiana de
la gente en el sistema político creado por el chavismo es
inmenso. Las decisiones que toman los poderosos, ya sea
por corrupción o por intereses clientelares, se justifican
con emociones,*

apunta certera Paula Vásquez.

País fuera de quicio, terrible verificar la violencia, la
animosidad, la indiferencia, el manguareo, el irresponsable
desdén, las terribles piezas del juego que se mueven sobre
el damero a zancadas, en diagonal, a sus anchas. Duelo sin
reglas, podía llegar a límites macabros y llegó. Insólito que
en el camino nadie en la cadena de mandamases involucrados
detuviera el alud; los dados. Triste que nadie se condoliera.
Vaya retrato de la tozudez, no de Brito, sino de los oficialistas.

Sin embargo, lo que resulta cada vez más usual es confirmar el respeto a la dimensión universal de Franklin Brito. Perfil sin duda controversial, este ser humano de excepción es medido con vara alta en la academia y universidades de medio mundo. El temple demostrado durante tantos años cuando es arrumbado su caso a un limbo legal, la decisión de darle dedicación exclusiva a su lucha desde la honorabilidad, la tenacidad y la esperanza, la envergadura de su entrega, son elementos de juicio suficientes para construir su alegoría.

Pero se equivocan quienes creen que la admiración que despertó en algunos por sus luchas fue la motivación que lo movió o nos movió, por Dios. Queríamos justicia, y esa fue la bandera, pero no que él se nos fuera ondeándola. Parece complicado de entender pero se trata de andar por un camino que trazas y de rechazar los tentadores desvíos. Se trata de convicciones y de valores, no de aplausos ni mucho menos manipulaciones ¿Qué sentido tendría eso? Fue duro, tuvimos dudas, pero lo acompañamos, hicimos huelga con él porque somos una familia unida y la causa es común. ¿Entiendes?,

suspira Elena Brito. La incomprensión y la sospecha como *leitmotiv.*

Los observadores de los fenómenos sociales, los académicos, los historiadores, los periodistas, los antropólogos, los filósofos, los abogados estudiosos del caso, los defensores de los derechos humanos, los religiosos, los investigadores locales y extrafronteras, tienen claro que Franklin Brito estaba configurado de una sustancia única. Ícono de

referencia y reverencia en el altar de los grandes hombres
universales, su nombre se asocia con lágrimas y también con
quijadas largas, con elaboración de teorías, con grandeza.

*La suya fue una épica cuasi bíblica, porque su sacrificio, de
cierta manera, fue para redimir nuestras culpas por todo lo
que aún vendría,*

creerá conmovido el periodista e intelectual Luis Lozada
Soucre.

Apóstol en ciernes o no, Franklin Brito es valorado por su
tesón y la reciedumbre de su talante. En salones locales y
extramuros donde su trayectoria a prueba de infamias es
tema de debates, su proeza provoca fidelidades. Su calidad
humana sin paralelo es reconocida con admiración. Estampa,
mito y pasmosa realidad, se da por sentado en medio mundo
que Franklin Brito alcanza la talla del mitológico David
que atrevido, sin miedo, se le planta al mamotrético Goliat;
en su caso, uno muy real. Y que juega limpio en el desafío
propuesto sin igualdad de condiciones por el grandulón voraz
y primitivo que lo atormenta hasta el fin, salivando. Queda
así expuesto, chapoteando en el caldo de sus miserias, que es
bastante, tras la atroz medición.

No, no es un supuesto, o una figuración.

Brito es la conciencia clara convertida en acción y en ser,

según la mirada profunda, fina y entrenada de Paula Vásquez
Lezama. Símbolo de nobleza inquebrantable, es digna de
admiración la entereza con que soporta los tantos obstáculos
que le anteponen las circunstancias en connivencia con las
autoridades y cómo, contra todo pronóstico, se mantiene
en sus trece, aunque el poder insista en querer tentarlo con
transacciones bajo cuerda para ocultar el daño, pactos que,
según denunciará el propio Brito,

defenestrarán mi reputación.

Cuán difícil les resultará a los comisarios desprestigiarlo sin desprestigiarse ellos: tan arduo como hacer lo correcto.

Franklin Brito se convirtió en el primer fallecido por huelga de hambre en la historia de Venezuela. La maquinaria chavista a la que se enfrentó logró su despido, permitió la invasión de sus terrenos y alentó el acoso policiaco. El caso revela los males de las sociedades en las que el poder político actúa sin restricciones,

dibuja el cuadro Paula Vásquez.

Y, sin duda, la talla del hombre que se las jugó.

Iguaraya, sin embargo, no es Rosalinda. Brito no la debía.

Un hombre decide no comer, porque no digiere lo que le pasa, cierra la boca con la que ha expresado tantas veces su inconformidad, y comienza gradualmente a marcharse de este mundo; no desayuna, no almuerza, no cena, se niega a ser hidratado, no prueba bocado, se vuelve inútil y espesa la saliva que también se extingue, se va haciendo leve, ingrávido a la vez que consigue más peso específico. Se evapora. Se vuelve esqueleto, se vuelve dolor, se vuelve mito,

así comienza una artículo sobre el tema Isaac González Mendoza.

Repentinamente la lucha parece que dará frutos: creen ver que la solución, tan escurridiza, luce posible. En diciembre de 2004, la pediatra y coronel de la Aviación Nacional apodada *la coronela*, María Eugenia Sader, entonces encargada de una oficina presidencial en Miraflores —después tercera comandante del batallón 51, grupo de médicos venezolanos y extranjeros graduados en Cuba por la Escuela Latinoamericana de Medicina y viceministra de Redes de Salud Pública Colectiva, un despacho del Ministerio de Sanidad venezolano—, va al frente de una comisión que llega a la plaza Miranda para proponerles un acuerdo. Que se reúnan en la sede del gobierno, en el Palacio de Miraflores, ese edificio inaccesible de un tiempo a esta parte, considerado cada vez menos como símbolo del poder democrático y cada vez más como trinchera de los intransigentes. Es una invitación a exponer el caso ante oficiales que han sido encomendados para ayudarlos. Sin duda, una cita que no pueden ni quieren desestimar, y a la que acuden ¡todos los Brito!

El 2 de diciembre de 2004, una comisión de la Presidencia de la República, integrada por Dozthor Zurlent, titular de la cédula de identidad N° 6.370.788, Arisaida Vargas, titular de la cédula de identidad N° 4.312.995, y Eugenia Sader, titular de la cédula de identidad N° 4.088.520, me invitaron al Palacio de Miraflores a fin de acordar la respuesta a los problemas antes planteados con los organismos competentes que se harían cargo,

anota en sus apuntes Franklin Brito.

Allí en Miraflores firmamos un acta de compromiso.

No van uno, sino varios días en la misma semana. Participan en mesas de trabajo en las que cuentan con lujo de detalles los episodios vividos y las respuestas obtenidas en cada ocasión. Muestran el voluminoso expediente que compendia de la A a la Z el infortunio y queda anotado a qué aspiran. Al cabo de dos, tres encuentros, y de largas jornadas que incluyen meriendas, los funcionarios prometen la asistencia necesaria para que el embrollo en que está entrampada Iguaraya sea resuelto y les aseguran, además, que serán indemnizados: por los salarios caídos y por los daños en la finca. Y sí, por supuesto, que se corregirá el traumático asunto de las cartas agrarias. Que pueden irse a Guarataro de vuelta. Y, claro, que paren ya la protesta. Los Brito creen que han llegado, por fin, a la última página del cuento de la casa tomada.

Ay, pero no es lo que esperan hallar con lo que se topan al volver a Iguaraya. Aunque arriban extenuados a Guarataro, deciden no tomarse ni un instante de reposo: la ilusión que les da el anunciado cierre del litigio y la inminente recuperación de lo perdido se los impide, por lo que van de una vez al fundo. No puede ser mayor la tristeza. La misma realidad amarga que los llevó a movilizarse y dejar sus tierras es la que les da la bienvenida. No se ha movido una brizna del paisaje contrahecho que dejaron. Tras diez horas de viaje por carretera desde Caracas hasta Ciudad Bolívar, más las casi cuatro horas que demora el transporte público en ir desde allí hasta Guarataro, y como corolario, los quince minutos que se cuentan para llegar a La Tigrera, donde está la finca, devienen fiasco; rotundo el impacto al ver aquello. Los Brito se dan con un palmo de narices.

Los vecinos, que siguen haciendo las veces de dueños y señores en las tierras ajenas, apropiados de la entrada del fundo, no se han dado ni por enterados de que el problema que ellos han provocado es ahora un hecho del pasado. Que fue derogada la credencial que les daba acceso a las tierras ajenas. Que deben emprender retirada porque la marcación recobrada los reubica a veinticuatro hectáreas más allá, hasta

los linderos originales. Es decir, que debían dejar Iguaraya
porque así acababa de ser convenido ¡en Miraflores!

*Ninguna institución los había visitado para darles el parte
sobre el giro que había dado el caso; ni siquiera habían
recibido una comunicación por escrito, ni una llamada que
les informara, nada,*

evoca la imagen insolente del tiempo detenido, confiscado,
Elena de Brito.

*Al contrario, mantenían intactos los obstáculos que habían
improvisado para acotar nuestro territorio.*

Sigue alzada la garita, que colocaron ex profeso para
que ellos, los propietarios, no pasaran; hay vacas ajenas
pastando en los territorios ocupados dándose banquete
en los sembradíos de Iguaraya; y ellos, los Brito, vuelven a
ser proscritos de su finca cuando intentan comunicar a los
usurpadores de las auspiciosas gestiones. No pasarán, es
la respuesta. Y no necesitan pintar en el piso unas rayitas
para marcar la zona en reclamación. Persiste a sus anchas
el usufructo y la demanda de Franklin Brito vuelve a ser un
monólogo que nadie escucha. ¿Y acaso fueron escuchados en
la sede del gobierno?

Parece que los acuerdos con que sellaron las largas horas
consumadas en la exposición del caso se han licuado en
un umbral desconocido, y que luego del viaje a lo largo del
recorrido exultante de la Venezuela adentro, luego de la
secuencia iconográfica de la identidad nacional de torres
petroleras, araguaneyes pintones, el soberbio Orinoco,
apogeo de verde, campanarios convocando misa, casas
coloridas, cielos de altanero azul, comederos humeantes
al borde de la vía, gentes acaloradas en camisetas, puentes
y desvíos, gentes colgando ropa limpia en las cuerdas,
perros huesudos y picoteo de gallos, gentes hundidas en
chinchorros, farolas desdentadas, fila de aves estacionadas

en el tendido eléctrico, niños descalzos correteando al borde
de la cuneta, las promesas hechas y glosadas se fueron
deshojando en el paisaje. Es como si hubieran sido engullidas
por las mismas bocas que las profirieron; ni siquiera quedan
sus voces. No hay quien conteste en los números telefónicos
antecedidos por el código 212. Cero respuestas a las
preguntas que dejan grabadas. ¿Qué pasó?, ¿por qué no se
han enterado los vecinos de que tienen que irse?, ¿cuándo van
a venir?, ¿vienen?

Franklin empezó a sentirse deprimido.

Al pasar de los días, y de las semanas, confirman tras el
abrumador silencio que, como todo parece indicar, el
resultado propicio vuelve a ser un limbo. Que lo convenido ha
quedado atrás, como el paisaje en la ventanilla del autobús.
Por un tiempo más, sin embargo, tal vez valga la pena
aguardar. Aferrarse.

15 | LOS RELOJES SE DERRITEN

Lo cierto es que, lidiando contra el silencio cómplice e ignorando el encogimiento de hombros en la coreografía grupal que le hace ronda como un ritual peligroso, Franklin Brito no se permite la inacción. Cabizbajo, qué duda cabe, pero negado a dar su brazo a torcer —aunque parezca contradictorio porque entrega su cuerpo entero—, retoma las riendas de su causa. Su vida es una suerte de tratado de la persistencia.

Hay mucho por hacer. No es opción tirar la toalla,

dice en casa, la casa que, por cierto, ya no está. Como a la casa que carcomen los alacranes en la novela de Rodolfo Izaguirre, se la devorarían completa, paredes, pisos y techos, las toneladas de urea que junto a otros materiales y enseres les entregará el gobierno en uno de los acuerdos convenidos para zanjar tensiones más que dar soluciones, y que no usan los Brito porque están en Caracas en protesta, nada más absurdo.

Agujereada, roída, cayéndose, pues. Como parecía irrecuperable y no la habitábamos, desistimos; unos que nos la pidieron para repararla viven allí, no sé si todavía, lo cierto es que se la dimos,

anexa al rimero de pérdidas esta, Ángela Brito.

Voluntad a prueba de todo, y convencido de que no hay más camino que el de la resistencia, mientras aguarda noticias de Caracas Franklin Brito decide tomar las riendas de los días, del lapso incierto en que están acotados. Inhabilitado para trabajar como agricultor y como maestro y hasta como gremialista, trabaja como taxista, y en lo que será una extraña liquidación por motivo de usurpación e injusticias varias vende algunos bienes, menudencias de la vida cotidiana,

artefactos eléctricos de los que prescinde uno a uno para
convertir las escasas ganancias en formas de manutención.
Así afronta la espera, es así como sobrevive en el entreacto
mientras, sitiados y atacados —¿o no lo es que te despidan y
te saboteen tu derecho a trabajar?, ¿que el ganado ajeno, sin
esperar a ser convidado, deguste tus cultivos a toda hora?,
¿que no puedas entrar a tu propiedad?—, aguardan hasta el
día en que admiten que les han tomado el pelo. Y entonces
Franklin Brito considera que deben retomar la causa. Bregar
por que su finca le sea devuelta. Recobrarla de manera legal,
sin que ninguna tramposa carta agraria se interponga entre
sus manos afanosas y la tierra. Por nada de este mundo
considera dar por terminada la campaña admirable que hace
con su familia.

*No teníamos licuadora, ni nevera, ni nada, porque mi
familia fue vendiendo todo, mi papá se convirtió en taxista
pero no alcanzaba lo que levantaba, no hay demasiados
clientes en Guarataro... fueron tiempos dificilísimos,
pasamos enormes incomodidades, muchas más de las que
te puedas imaginar,*

    comparte Ángela Brito la punta del iceberg de la precariedad:

Familia, toca volver; así nos dijo,

    recuerda Elena de Brito, apoyo incondicional en la agenda
de carrusel. Quizá en la capital, ahora sí, se produzca la
reacción esperada. Quizá tenga esta vez más eco su voz. Así
que regresan. Tiene que haber más posibilidades, otras
herramientas sobre las cuales soportar su causa y, sin duda,
más ojos críticos: la prensa. Exactamente el 7 de julio de 2005,
tras reunir el dinero necesario para la movilización de todo
el clan, Franklin Brito, un innato pedagogo que sigue dando
lecciones a medio mundo sobre paciencia, el Job criollo que
es, aborda con toda la familia el autobús que lo llevará a
Ciudad Bolívar, donde harán trasbordo en el terminal; desde

allí —mismo itinerario—, regresarán a Caracas, a la parada de San Martín, luego de catorce horas y quince minutos de recorrido.

Nunca he podido dormir en los autobuses; Franklin sí descansaba siempre, igual que nuestros hijos,

recuerda Elena el cansancio del camino, el cuello adolorido por la falta crónica de descanso, el insomnio, las luces (y su intermitencia), el paisaje que se escurre (como las promesas), las rectas, las curvas (en realidad las vueltas, nadie sabe si hay avance), el mareo (por la incertidumbre), el vistazo recurrente al reloj (el pasar del tiempo).

Ya en Caracas, se instalan otra vez en la plaza Miranda, y Franklin Brito se declara de nuevo en huelga de hambre; ahora no son dos semanas sino cuatro meses, hasta la siguiente visita oficial.

El filósofo Jean Baudrillard llama a esta época, el siglo XX —y acaso aplique la creencia para la ñinga subsiguiente del XXI que en Venezuela ha sido eternidad—, tiempos de la imagen. Son tiempos para ver y ser vistos, tiempos de exaltación de la superficie, tiempos en los que el ojo se impone como sentido, como juez, y todo debe ser espejeado; tiempos en los que todos estamos en la mira y los sujetos son objeto. Cuando se exacerba el interés por la apariencia —modelada, convenida, dictaminada—, y se exalta todo lo que va por encima, y la estética y la belleza entran por el tiránico aro de los cánones convenidos de pesos y medidas, no necesariamente las que tomaba Filarete, el escultor, arquitecto y teórico de la arquitectura, en su *Trattato*, con devoción por la forma como contenedora de todo:

Aprende, pues, a hacer la figura humana, pues en ella se contiene toda medida y proporción de las columnas y aun de otras cosas.

El cuerpo es lo excelso y la ciudad ideal debe ser uno, un cuerpo, un todo orgánico. Parecerlo.

Tiempos en los que la fotografía, expresión artística que es infinitud y eternidad al registrar y contener el instante que se prolonga, se ha convertido en espejo portátil, reconocimiento de identidad y perentoria costumbre; y da la impresión de que se ha convertido, de facto, en forma de consumo: el retrato de lo que se come es un autorretrato, así como cada escena de la existencia, banal o banalizada, parece un algoritmo en la seguidilla de gestos en tiempo real. Tiempos a lo santo Tomás, de ver para creer, de señales y pistas por todos lados, todo se constata, aunque en realidad se oculte tanto. Y mientras vuelve el alma al cuerpo, el cuerpo es el móvil y la pieza de culto en la nueva religión del esternocleidomastoideo.

La tesis de Paula Vásquez viene a cuento. A la antropóloga que considera el siglo XX como el siglo del cuerpo le valdrá la misma idea: el sujeto es el objeto. Si el alma fue en otros siglos el epicentro de la cultura, de las artes, de la fe, el cuerpo se abre espacio en tiempos de descreimientos y se encumbra en la palestra como nueva verdad. Dogma. El contenedor y el contenido, lo que es y parece, son antagonismos que tienen lugar sobre él; el cuerpo tiene la palabra en tiempos de imagen y es el encargado de dar pistas sobre la psique y el alma a través de aquello tan estudiado —vestimenta, ajuares, accesorios, colores, texturas— que lo empaca y definiría el ser. ¿Quieres parecer sensato?, ve de azul. Distinto que en el Renacimiento, cuando descubrir la anatomía y ensalzarla fue la misma cosa que entender el todo: la comunión necesaria entre la carne y la consistencia intuida, entrañable, de lo espiritual que no tenía duda. Nadie podrá negar que el David de Miguel Ángel es una victoria de la belleza y el arte en su desnudo perfecto, venas, uñas, vellos púbicos, pliegues, párpados, detalles cincelados con absoluta fidelidad, el hombre de mármol casi respira. Es cuerpo que mira y (se) siente. En pie, vive con su enorme cabeza así tallada por el genio que lo parió, para que cinco metros abajo la perspectiva que da la distancia no la disminuya. Es una representación única que convoca el universo, en tiempos de masificación de la unidad.

El cuerpo ahora mismo es captado en las vitrinas del *selfie* como un funcionamiento. Uno que no debe envejecer, una maquinaria para cuidar cuya mecánica estamos interesados en preservar; los devotos de la salud se suman a los catequistas de la curva reventona. Templo del que somos adoradores, a cuerpo presente, se reivindica el derecho al libre goce. El hedonismo es pauta, y el cuerpo, territorio

conquistado por la industria cosmética. Si bien se tiene
presente su fragilidad que lo convierte en polvo, se tendrá
en cuenta que, mientras late, despreciarlo sería despreciar
la vida, pues, como dice el gran arquitecto, matemático,
tratadista, escritor y poeta italiano Leon Battista Alberti, fiel
al *renovatio hominis* renacentista:

la sabiduría consiste en amar nuestro cuerpo y mantenerlo
sano.

Tiempos en que no se discute o se da por cierto que el
individuo es dueño de su propio cuerpo y de su conciencia,
somos los cuerpos que habitamos y dejaremos, y la
personificación de lo que nos creemos dentro de organismos
porosos con caducidad, modelados en la medida de lo
posible y de las obsesiones en y para el grupo, con pequeños
detalles particulares originales de tono y volumen para la
diferenciación, así creados, y por obra y gracia del pilates,
torneados: brazos que claman, espaldas que soportan, pechos
erguidos (que contienen corazones que tiemblan).

Brito asumió el suyo como mecanismo para su control, como
expresión, aullido más bien. Arriesgándolo a que también
fuera blanco, campo de batalla y carne de cañón, se convirtió
en el poema de Cadenas: soy el que está detrás de mis ojos. Y
tomó las riendas de su relojería con éxito por mucho tiempo,
años, hasta que de su cuerpo se encargaron otros. Brito fue
el hombre en y tras el cuerpo libre y el cuerpo libro. ¿Cómo
pudo manejarlo con la restricción de la ingesta vital? ¿Cómo
pudo sobrevivir a tantos ayunos? Como biólogo él mismo
monitorea el proceso.

Hacía anotaciones de la dosis precisa de líquido que ingería
para mantenerse vivo, los componentes químicos exactos,
la porción de electrolitos y demás elementos,

explica Ángela Brito.

Su cuerpo es su ofrenda,

dice Paula Vásquez.

Su cuerpo, ese desaliento que es su fisonomía, esa merma
que mueve la voluntad, así, devastado, vuelto una exhalación,
ese hilo de rebeldía que es su magra carne de cañón, cuerpo
vencido que es paradójica victoria, en el siglo del cuerpo,
el suyo le da un vuelco a la Historia (la hace) y asume la
tendencia. Franklin Brito asume el suyo y lo habita con sus
razones hasta el punto de que su cuerpo, aliado incondicional,
se consustancia con el mensaje. Cuerpo traje de batalla se
convierte en pendón.

Franklin Brito piensa que debe ser más contundente en sus manifestaciones, de manera que conmuevan, den de qué hablar y en la alteración provocada invoquen una respuesta. Que produzcan reacciones en la opinión pública, luego de que, por el impacto provocado, haya sido copiosa su difusión. Y es, su propio organismo, voz que dice, así como también la propia representación del mensaje. Convierte su cuerpo en la página sobre la que escribe, de manera simultánea a como ocurre su propia saga. Las heridas son anotaciones, las cicatrices, el mapa. Es él el escenario donde tiene lugar la manifestación de su sinsabor.

La enumeración de audacias y procedimientos que elige hacer con su cuerpo —cuerpo hoja en blanco— es embarazosa, por decir lo menos: el hombre que no tenía que haber pedido tantas veces que se le reconocieran sus derechos, ni sufrir como lo hizo por ello, decide encadenarse a un árbol. Maniatado e indefenso, la desgarradora denuncia que se desprende de aquella imagen de impotencia admitida, versión autorretrato del maltrato sufrido, enfurece sobremanera a los mandamases. A la vez que acusación y recreación de la falta de libertad que implica la injusticia, su *performance*, si así puede llamarse, es una inmolación. Con la ocurrencia consigue que las autoridades se den por aludidas, no cabe duda. La reacción es tremenda, y viene a confirmar que el extravío del poder es real, si alguien lo barajó como hipótesis. Los uniformados se ensañan contra él, la violencia que él espejea parece que los altera; la policía, peor que los murciélagos que se desvían cuando perciben la luz, intentan acabar con la suya. Con el reflejo. Le propinan una soberana golpiza.

Empecinado, persuadido de que debe persistir, el mismo

hombre atropellado y harto de decir lo mismo y no ser
escuchado, buscando a toda costa las consideraciones que
le corresponden y que no obtiene, ahora se cose la boca. Es
julio de 2005 y está en su tercera huelga de hambre. Una, dos,
tres, cuatro puntadas como sutura en sus labios cansados,
esos por donde no entra alimento ni salen audibles las quejas.
Un sangrante *zigzag* que se convierte en ensordecedora
denuncia. Observado con el asombro de quien ve de cerca
el alma de un hombre y su temple, no solo a los videntes y
nigromantes se les revela el aura corajuda que lo empaca, y el
tono exacto de la intrepidez. No pocos van a visitarlo a la plaza
y a tomarle fotografías, como si fuera una rareza; bueno, lo
es. Y no solo aparecerá en la prensa nacional la perturbadora
imagen de Franklin Brito con la boca zurcida: se hará viral en
redes en las primeras planas del mundo. Pero si en las oficinas
del gobierno el asunto es tema de conciliábulos, no lo hacen
saber. Chitón oficial.

Por lo que, en tiempos de dedocracia —amén de las
adjudicaciones a dedo puede verse en la tele a un mandamás
usando su índice izquierdo para señalarse a sí mismo a
la hora de referirse al Estado, o sea, el Estado soy yo—, el
huelguista que evidencia el descarrío de las instituciones
y la pérdida del Estado de derecho no consigue mejor
parábola que ¡cercenarse un dedo! El 10 de noviembre de
2005, al cabo de varios meses de protesta, en la dramática
escalada de ocurrencias audaces, y con manifiesto sentido
propagandístico, convoca al doloroso evento.

En efecto, tras un ayuno mantenido durante 125 días, el
productor agropecuario decide infligirse una mutilación
con la que espera ser, por fin, mirado como lo que es por
quienes están a cargo: un hombre que busca a toda costa
y por todos los medios la esquiva justicia, palito de romero
que le da la espalda. Ya había anunciado que se cortaría un
dedo cada semana hasta lograr que el presidente reparara en

sus reclamos, así que, desde la creencia de que Hugo Chávez
no tenía la menor idea —en realidad tuvo algunas pero
muy desorbitadas y *demodé*—, decide darle una ayudadita
para que se entere o dé por enterado, y procede. Con una
tenaza de jardinería —Elena de Brito dice que nunca supo
cómo el instrumento llegó a sus manos—, Franklin Brito se
amputa, en efecto, la mitad del meñique izquierdo frente a los
representantes de los medios de comunicación del país.

*Los periodistas estuvieron siempre atentos, pero no era
nuestro caso noticia de todos los días; debía producirse
un evento que marcara un cambio en el rumbo de los
acontecimientos para captar la atención de los medios,
aunque para nosotros, y sin duda para Franklin, cada día
tuviera el peso de un fardo.*

De esto no habla con Elena, como ella admite; solo le pide un
favor esa mañana, la mañana de la convocatoria:

*Deberían ir ahora, Francia y tú, a sacar las copias del texto
que queremos difundir ¿no crees?*

Prestas —ya la prensa está empezando a llegar a la plaza para
oír la novedad que les comunicará Franklin Brito—, madre
e hija se apresuran a ejecutar la encomienda. Equidistante
de importantes medios de comunicación, *El Nacional* al sur,
El Universal al este, la Cadena Capriles al norte, además de la
cercanía a algunas corresponsalías de periódicos de distintas
regiones del país, es la plaza Miranda el inusitado enclave
desde el cual despachar. A mano escribe Elena de Brito las
notas que contienen las consideraciones que desea difundir
su esposo. Luego va a algún sitio cercano para fotocopiarlas
y llevarlas, una a una, a las redacciones de los periódicos y, si
le alcanza el tiempo, a algunas emisoras cercanas de radio y
televisión; los redactores de *Tal Cual*, extremo este,

siempre están pendientes y vienen.

Todo muy precario y cargado de simbología, en esta ocasión todos los medios vendrán a buscar las declaraciones suscritas por Franklin Brito. No, más bien a oír de su boca la novedad anunciada. Ha ofrecido una primicia, y empieza entregando enfundados discos compactos en los se ha grabado a sí mismo contando su peregrinaje existencial y, en detalle, las circunstancias extremas del caso. Los ha costeado con sus huchas exangües, colaboraciones, más bien. Y ahora sí. Vean.

*No habíamos avanzado ni media cuadra cuando oímos los
gritos de los periodistas y, mezclado, el ¡ay! de Franklin,
tuve un terrible presentimiento.*

El estruendoso ¡ahhh! largado al unísono, a pocos metros, las paraliza; en el segundo siguiente, ella y Francia se devuelven corriendo, sin las copias. Quedan impactadas: de la mano izquierda de Franklin Brito surte abundante sangre. La terrible escena podrían desarrollarla Goya o Bacon, la lesión expuesta produciendo obvio dolor, el rostro contraído de Franklin Brito el estoico, los clics tronando, la gritería que superpone preguntas a los ayes, la trepidante reacción general. Franklin Brito ha cumplido su promesa. Elena de Brito solo tiene una idea en la cabeza: hacer que llegue cuanto antes una ambulancia.

*En vista de que a más de ciento veinte días de huelga de
hambre las autoridades competentes no habían solucionado
los problemas planteados, el Ministerio de Educación no
nos ha cancelado el año de trabajo que nos adeudaba desde
el 2002 a mi esposa y a mí, y el Instituto Nacional de Tierras
no nos ha devuelto nuestro terreno, el desespero por tanta
injusticia, burlas y de ver a mis hijos en la calle, sin poder
estudiar, me hacen tomar la determinación de radicalizar la
huelga, por lo que el 10 de noviembre de 2005, frente a las
cámaras de los medios de comunicación, me amputé el dedo
meñique de mi mano izquierda.*

El asombro impera, así como la confusión. Hay que
comunicar de prisa la contundente noticia, coinciden los
periodistas, pero a la vez es imposible no dar auxilio a la
familia y al propio Brito, que soporta con creces la herida
que se ha infligido a sí mismo, sin anestesia; además, es
noticia saber qué sigue. Complica el cuadro, a la hora de
salir corriendo, el tránsito vehicular que colapsa en los
alrededores, recordar que es mediodía y solía congestionarse
Caracas sobre todo a esa hora, y más en el centro. Por fin,
inesperadamente, llega a la plaza a bordo de una moto un
bombero que se ofrece a trasladar hasta un puesto de socorro

al famoso hombre de la huelga de hambre,

así le dice. Brito llega a emergencias del hospital Pérez
Carreño, y de inmediato es sedado.

*Nosotras los seguíamos, a Franklin, sangrando, y al
bombero. Claro que tuvimos la precaución de tomar la
falange del dedo lisiado y conservarla en un envase lo más
pulcro posible entre cubos de hielo.*

Tras el examen inicial, luego de ver la magnitud del daño y
de cómo se ha lastimado los tendones en el corte, el médico
a cargo le dice a Elena de Brito que no bastará hacer una
sutura para unir las partes, sino que hay que operar, hacer
un trabajo de filigrana en la reconstrucción de ligamentos,
carne y hueso, para garantizar la futura movilidad del dedo, y
que debe ella, como esposa, firmar la autorización. No será de
inmediato que se le restablezca la operatividad del meñique
cosido, agrega el galeno, pero no la perderá.

*Esta es una de las decisiones más duras que tuve que tomar
a lo largo de este intenso proceso,*

revive Elena de Brito la ansiedad, esa visitante que se volvió
habitué de su sistema nervioso.

Por respeto a Franklin, a su decisión, y con todo mi dolor, le tuve que decir al doctor que no podía autorizar ninguna intervención... ¿puedes creerlo?,

confía apenada.

Fue muy angustiante y muy triste, pero no tuve otra elección.

Entiende que si él ha hecho lo que ha hecho no debe ahora contravenirlo, aunque lo desee, aunque esté en contra e incluso molesta por lo que acaba de ocurrir. Y pese a que imagina lo mucho que le afectará siempre haber tenido que ver con el no restablecimiento del meñique izquierdo de su esposo, no ve otra opción que la de negarse a que se lo salven. Se han puesto de acuerdo previamente en todo, las huelgas, la importancia de llamar la atención a la causa, en cada declaración, y este suceso, aunque la toma por sorpresa, tiene que ver con ese pacto voluntarioso que los sostiene,

así que debía dejar de lado mis sentimientos.

De manera que le detienen la hemorragia, lo curan, pero no devuelven a su sitio, a su dedo, la falange amputada.

Cuando se recupera de la sedación, Franklin me dio las gracias por haber respetado su voluntad.

Su meñique tendrá ahora otra estatura, y así queda. El pedazo amputado, dicen, se extravió misteriosamente en el hospital.

El domingo 13 de noviembre de 2005, en *Aló Presidente*, Hugo Chávez acusa recibo del suceso: la información de lo que ha resuelto hacer Franklin Brito ha conmovido a la opinión pública y destaca como ineludible noticia de primera plana en la prensa nacional e internacional. Entonces, en su *reality show* semanal —semanal es un decir—, el mandatario dice públicamente que hay que resolver el problema de Brito, y encarga a ocuparse de eso al ministro de Interior y Justicia, Jesse Chacón. Por lo que dos días después del rudísimo acontecimiento, el martes 15, llega el funcionario a la plaza. Cuando ya era franca la oscuridad de la noche, los Brito son testigos de un extraño revuelo —la zona está siendo monitoreada y siempre hay sobresaltos—, cuando ven que a lo lejos se aproxima, acompañado de un puñado de guardaespaldas, el ministro. Luego de saludarlos, este Chacón de figura compacta y tono de voz carrasposo —el funcionario, como otros oficialistas, tiene a gente de su familia en el poder— les indica que viene a prestar su mayor colaboración para que queden resueltos todos y cada uno de los conflictos pendientes. Y como prueba de su buena voluntad les ofrece una importante cantidad de dinero que llama *justa*. Esa noche de noviembre es noche buena y Jesse Chacón es el niño Jesús.

Que viniera en persona el ministro nos hizo pensar que se trataba, ahora sí, de una decisión comprometida; quiérase o no, tenía carácter oficial, por lo que volvimos a creer que sí sería posible,

reconoce Elena, al tanto absolutamente de la diferencia entre lo oficial y el llamado oficialismo.

Visita auspiciosa por donde quiera que se le mire, pues, Jesse Chacón les comunica que no solo el Ministerio de Educación les reconocerá la deuda laboral, tanto a Franklin Brito como a su esposa, y que les reintegrarán los pasivos y la indemnización prevista. Mensajero de gratas noticias, les dice también que el INTI les va a reconocer la propiedad total de Iguaraya, y que así constará en el registro que les expedirán: que son ellos los genuinos dueños de las 290 hectáreas del fundo. Las promesas al calco vuelven al tapete; los Brito esperan que ahora sí se cumplan. Lo más asombroso es lo que se trae entre manos: la primera promesa ya cumplida, una bolsa de papel con motivos navideños

—Como una cajita feliz,

le da una oportunidad a la ironía Elena de Brito— que contiene el dinero ofrecido. Lo muestra. Se trata de una importante suma en efectivo que debía ser, según el gobierno, el sanseacabó. Brito queda anonadado.

El pronunciamiento de Hugo Chávez en un Aló Presidente propicia la visita que nos hace Jesse Chacón en la plaza Miranda. Que trae consigo, en una bolsa de papel, como si de unas hamburguesas se tratara, 73 millones de bolívares ¡en efectivo! Sesenta, según les explica a mis padres, han de resarcirnos por los daños producidos en los sembradíos por el ganado invasor, las treinta hectáreas de yuca que se han devorado las reses que han estado pastando a la libre en nuestro fundo; y los otros trece millones han de saldar la deuda del Ministerio de Educación que les debía la liquidación a mis padres, luego de botarlos sin más...,

cuenta el episodio Ángela Brito.

Pero es que hasta conmigo se habían ensañado, en el liceo donde estudié toda la vida, y fui muy buena alumna, por cierto; no me querían dar las notas de bachillerato porque

La conversación es precisa, breve, contundente. Jesse Chacón solo pone una condición, por demás aceptable: Franklin Brito deberá ir a una clínica a reponerse y suspender de inmediato la huelga. Se miran los Brito, asienten, no se resisten. Al día siguiente no hay mucho que recoger; al contrario, colocan al lado de un bote de basura los cartones y el plástico,

y de inmediato son trasladados a un hotel, la familia, y a un centro de salud privado, Franklin Brito —durante la intensa impronta de protestas pacíficas ha estado recluido en el hospital Vargas, la clínica Herrera Lynch de San Bernardino, el Hospital de Clínicas Caracas y el Hospital Militar, donde murió—, de manera que el regreso a casa, a Guarataro, no lo empañen sobresaltos. Ya el plan en marcha, justo cuando Brito está

como dice Elena de Brito, piden permiso para entrar a la habitación el trío de hombres de negro de la custodia del ministro. Los grandulones que se han presentado como los emisarios de Chacón le anuncian a Brito que han venido para cumplir con la misión: aquel inmensurable mazo que le han ofrecido, billete sobre billete, que suma 73 millones de bolívares, lo llevarán a depositar.

Que comienza cuando la ciudad duerme y termina a hurtadillas, horas después, en la habitación de una clínica, y cero recibo.

*Luego de prometernos que todo se solucionaría, Jesse
Chacón nos dijo que debíamos abandonar la plaza, que a
papá lo llevarían a una clínica, que fue donde se produjo
el pago. La idea era que papá se recuperara antes del viaje
a Bolívar, y nosotros también podríamos descansar, nos
llevarían a un hotel en Sabana Grande donde deberíamos
permanecer día y noche, y notificar cualquier movimiento.
No nos costaría demasiado hacerles caso. Luego de
muchos meses de estrés acompañando a papá en su huelga,
pudimos comer y dormir bien.*

Lo que no sabían es que sería por tan breve tiempo.

*La mutilación, grabada y transmitida en el noticiero
televisivo de la tarde, motivó que el presidente Chávez
tomara cartas en el asunto, fue cuando designó una
comisión que, junto con Brito, viajaría al fundo.*

Así ocurre no más Franklin Brito recobra sus fuerzas
y la buena salud.

*Durante el trayecto, sin embargo, Brito entró en
desacuerdo con la comisión cuando advirtió que su
propósito no era derogar las cartas agrarias de los
invasores sino negociar con él. «Me querían devolver
mis tierras de manera física pero no legal, y yo quiero
que reconozcan lo que me hicieron». La reconciliación
que proponía Chávez era informal, un arreglo fuera de la
ley y las instituciones. No era una cuestión de justicia sino
de voluntades personales,*

concluye Paula Vásquez; así lo suscribe en un texto publicado
en *Letras Libres*.

Así ocurre.

19 | CARTAS TAPADAS

Ocurre que Franklin Brito está esperanzado; todo el que
lucha lo está. Ha aceptado no sin aprensión el dinero que
le han dado porque cree que está justificado, aunque no
se repone del susto.

*Nos enteramos de que la persona que hizo la transacción
en el banco justificó el depósito que hicieron a nuestro
favor con el argumento de que correspondía al pago por
una casa que yo le había vendido, cosa que era mentira, por
supuesto,*

deja registro de la desconfianza en sus históricos apuntes
Franklin Brito. Ese pago, que así lo toma, es una realidad que
lo inquieta, porque sin duda le ha producido alivio, sí, pero
se ha materializado de manera discutible. En realidad acaso
le haya producido efectos sedativos el paquete completo
de los ofrecimientos con que lo engolosina Chacón: futuro,
justicia, libertad, regreso a casa. Y aún más lo tranquilizará
la imagen que le da vueltas en su cabeza: la defensora del
Pueblo de entonces, aquella en la que la jueza Reina Morandy
—hermana de la magistrada Miriam Morandy, comadre de
Cilia Flores y en cuya casa habría explotado un niple mientras
llevaba el caso de Manuel Rosales—, hace pública la noticia de
la entrega a Franklin Brito

*de sesenta millones de bolívares por parte del gobierno,
por las pérdidas sufridas en sus cultivos, con lo que se ha
logrado un acuerdo con el huelguista.*

Súmese a la buena racha que, el 16 de noviembre, el mismo
Jesse Chacón confirma por Venevisión que

se le ha solucionado el problema a Franklin Brito,

aunque el ministro no alude al dinero entregado. Al Brito inquieto le parece que ambas opiniones son una evidencia de que el gobierno ha reconocido el conflicto, y mientras pone a buen resguardo los testimonios que podrían serle útiles después —es tremendamente ordenado—, solo por no dejar se preguntará: ¿están los vecinos de Guarataro viendo la televisión?

La decepción está por producirse; el viaje a Guarataro es una reedición del manido guion, salvo en una línea que otorgará un nuevo matiz. La que provocará el vuelco, por cierto, no del todo inesperado. En el rol protagónico está Franklin Brito, que lucha por recuperar lo perdido, sus tierras, su derecho a trabajarlas, su forma de vida y ojalá, aunque sea por un instante, un añico de la justicia, esa pata coja en la mesa de glotones comensales que ignoran a los que están sin asiento, que es el país. Brito el tenaz no espera otra cosa que la enmienda jurídica que le devolverá con todas las de la ley lo que le ha sido esquilmado. El gobierno interpreta a la contraparte, los villanos, un papel prototípico que se permite improvisaciones. Precisamente la propuesta indecente que le hacen con intención de apurar el mal trago.

Calzadas las botas de pisar duro, tal vez espuelas y diente de oro, los de la desgastada perorata de las promesas de villas y castillas, y ojalá, huerto y no más hurto, le dicen que, por ahora, no podrán cumplirle con todos los ofrecimientos tal y como se pensaba exactamente... pero que quizá, por otra vía, sí, pero depende todo de él, y de seguidas le hacen una contraoferta que dejará a Franklin Brito boquiabierto. Se trata esto de una rutina de ejercicios como el juego de los adolescentes: beso y cachetada. Escamado, siente ese temblor que antecede a la confirmación de una sospecha.

Al hombre que ha tenido la paciencia y el valor de asumir la defensa de sus derechos vulnerados, y ha transitado con

admirable entereza un periplo de abismos y pocos puentes,
el funcionario a cargo de la operación le dirá sin rodeos, clarito
a Franklin Brito, cuál es la fórmula ganadora para lograr lo
que ellos quieren a cambio de *cumplirle* con lo tantas veces
prometido: el olvido. Que para dar por zanjado el entuerto
debería pasar la página y dejar la fiesta en paz. Que podía Brito
aceptar los pagos que falten, si faltan, y la entrega de las tierras
pero calladitos la boca, sin escándalo, te mudas y ya; lo de la
anulación expedita, formal, jurídica de las cartas lo dejamos
para después, ¿de acuerdo? Siempre después, y nunca. He aquí
un *selfie* del Estado de derecho haciendo estertores.

Es decir, se iba a solucionar todo, pero Franklin Brito no
podía volver con la cantaleta de las cartas agrarias. Y no iban
a reconocer que habían cometido un error. Lo indemnizarían
por una razón inventada, dado que la real nunca existió.
Pero ¿y qué importa?, al final él tendría lo que quería, solo
que no debería abrir más la boca. Pero Brito lo entiende así:
tienes que aceptar que nunca fuiste invadido, jamás tuviste
problemas con los vecinos, nadie entregó las truculentas
cartas agrarias que comprometieron tus tierras, la zanja que
abrieron fue un cuento, la tierra arrasada por las vacas es la
exageración de un vegetariano, en fin, que nada nunca pasó,
pero además ¡debía suscribirlo! ¡Firmarlo! Así se lo piden a esa
presencia de acero inoxidable que habrá interpretado en ese
instante el grito de Edward Munch. Grito y quijada colgada
que debió caerle sobre el pecho.

Prometían arreglar por fin lo pendiente, pero eso sí,
Franklin Brito tenía que mentir,

evoca el disparate Elena de Brito.

Más hiel para saborear; además de mentir, la propuesta
implicaba un gran riesgo. Salir del asunto de esta manera
tangencial, supone entonces Brito, y encima estampar en
tal documento su nombre y apellido, es una negación de su

propia causa, que lo dejaba en una instancia improbable, inexistente, en un peligroso extravío legal peor del que ya rondaba el caso, y seguramente enterrar en un hombrillo jurídico, ahora sí, definitivamente, sus posesiones:

en realidad es una especie de renuncia a mis derechos,

comprenderá Brito con su sempiterna lucidez. Si no le terminaban de entregar las cartas agrarias ni desocupar los invasores sus tierras sin firmar nada, ¿cómo sería negando lo que pasó? ¿Qué clase de documento podría ser ese? ¿Cómo querer ayudar a lavarle la cara tiznada a quien podría perjudicarlo? ¿Cómo podría alguien pretender que aceptaría ese arreglo fallido en el que quedaría como un tonto?

Hombre afecto a la ley, volverá a sentir en su lengua el sabor amargo del engaño. Consternado, se niega a semejante ocurrencia, por supuesto. Nunca consideró rendirse, y esta propuesta era una claudicación, que lo convertía de alguna manera en cómplice de la informalidad que él mismo había estado denunciando.

No, no es terquedad, es que no podía sabotearse de semejante manera.

Elena de Brito cuenta la historia con renovada estupefacción. La sola evocación de aquellos pasadizos solitarios, oscuros y llenos de goteras por los que trasegó le quita el aliento. El caso fluía con extrema dificultad, se atascaba en los meandros, les obligaban a sostener extraños circunloquios, a rozar existencial y filosóficamente bordes de vértigo. A malvivir.

Te digo algo: la verdad es que más de una vez le pedí que por favor dejáramos las cosas como estaban, que nos fuéramos de Guarataro, incluso del país, que nos olvidáramos de todo este desbarajuste, pero nunca quiso, no por terquedad o intransigencia, es que mi esposo era un hombre de una ética sin fisuras, y él sabía que esta lucha sería ejemplar.

Franklin Brito, sin pelos en la lengua, dice públicamente que

una autoridad en ejercicio, sin la vergüenza que debería
darle repartir dinero sin el soporte formal del caso, ha
admitido la injusticia cometida en Iguaraya.

No pocos piensan que lo que dice es cuchillo para su
garganta y que tiene que ser un despistado o un lunático para
denunciar a quien lo ayuda. Brito, cansado de que la ley sea
plastilina en las manos de las autoridades, se va de lenguas
sin pensar en las consecuencias porque, primero, no tiene
nada que ocultar ni quiere: el dinero recibido le quema y la
propuesta de claudicar lo ofende. Segundo, quiere sus tierras
y que sean anuladas las cartas agrarias, que aun cuando
ilegales han tenido suficiente poder como para desarraigarlo.
Por lo que sigue impertérrito y en sus trece diciendo sin
medirse. Persuadido de que es un sospechoso gesto el que
ha tenido el gobierno para con ellos de ofrecerles dinero en
efectivo, y luego le proponen mudez y complicidad, como
denuncia, suelta prenda.

La única intención en todo esto ha sido la de querer
conseguir nuestro silencio, no la de hacer justicia.

El gesto que lo ha beneficiado, cree él, también podría
perjudicarlo.

Entiende que lo que hace el gobierno no es una gestión pulcra
sino una acrobacia fiscal.

Y si quieren lo llamo gentileza pero, señores, esto no es un
acto administrativo.

Le han pedido que sea laxo, flácido, manga ancha, y con esa
misma laxitud y flacidez y manga ancha le han entregado

—va al meollo del asunto— una suma de dinero sin dejar
constancia del procedimiento en papel membretado alguno.

*Esta forma de pago imposibilita la asignación de
las responsabilidades que se desprenden de este
otorgamiento. Y queda a la deriva el destinatario de esos
fondos inexplicables, que tiene en sus bolsillos un dinero
sin denominación de origen, o sea, yo. ¿Cómo justificar
la posesión de unos fondos que llegaron de la nada a mis
manos? ¿Acaso no podría ser considerado cómplice de
algún desvío presupuestario que me cobrarían luego?
¿No podrían, así como me han vulnerado tantos derechos,
indiciarme?,*

se preguntará entonces, públicamente y no sin razón,
Franklin Brito.

Elena de Brito admite que sintieron pudor y temor.

*Es que así entendía Franklin el proceder sinuoso, como un
acto de corrupción, que el desvío de fondos lo es. Y estas
interrogantes chocarían con su prédica sobre la honradez.
Nosotros usamos el dinero para costear el proceso legal
que debíamos activar,*

rinde cuentas,

*pero a partir de entonces Franklin no aceptó un centavo
más, porque lo que queríamos no era dinero sino justicia, y
no queríamos tener que ver con nada turbio, ¡no más!,*

confiesa Elena de Brito.

*En lo sucesivo estaríamos más atentos: podrían abrirse
nuevos frentes.*

La incómoda transacción que comenzara con la entrega
de aquel fajo en efectivo, además de en los medios de
comunicación, quedaría protocolizada al año siguiente
en el escrito que recoge el dictamen 386 de la Sala

Constitucional del Tribunal Supremo de Justicia sobre el
caso, cuando Franklin Brito, luego de reclamar ante el Poder
Ejecutivo, la Defensoría del Pueblo y tribunales agrarios y
ordinarios, llega hasta el Tribunal Supremo y hace otra huelga
de hambre.

Hicimos siempre un esfuerzo,

acota Elena de Brito,

*por que se supiera lo que nos pasaba así como también
por dar a conocer lo que el gobierno intentaba o no que
ocurriera: no fueron pocos los malentendidos, pero lo que
menos merecía y merece Franklin es la mínima sospecha.*

En el desagradable toma y daca también le habían propuesto
el olvido, ajá, pero queda claro que para Franklin Brito eso no
es posible. Prohibido olvidar.

Por supuesto que en La Tigrera las circunstancias adversas e ingratas siguen allí servidas. Golpeando los ojos de los que ven la realidad, los Brito, que se sienten tan desasistidos. Las cartas agrarias siguen en manos de los insolentes, y seguirán: el no acuerdo, el no pacto, el rechazo al exabrupto ¡es precisamente el olvido propuesto! La devolución de las parcelas ocupadas de su fundo, fuera del contexto del convenio insinuado en términos inaceptables, no se producirá. Franklin Brito había desistido de la huelga de hambre persuadido por un ministro de que lo hiciera. Él mismo, no un mensajero, no un desconocido, no un impostor (de Chacón). Un funcionario de alto rango cuya palabra debería pesar más que una bolsa de 73 millones.

¿Por qué querría Jesse Chacón exponerse a quedar mal? ¿Él y su gobierno? ¿Y qué esperaban que yo hiciera ahora? ¿Podía darles las gracias públicamente? ¿No debía seguir exigiéndoles lo justo?,

se pregunta Franklin Brito.

Brito busca forcejear con la agenda adversa en la que deambulan sus días —nunca querrá habilitar aliados con sobornos, ni seducir o dejarse seducir por los impúdicos a que tercien por los caminos que se abren fácil con el sebo de las recompensas ilegítimas; eso siempre estará descartado, siempre, siempre—, por lo que decide que tiene que seguir intentando ser oído por los que deberían ser interlocutores (no lo que son: tramoyistas, archienemigos, gentes que o gritan o susurran).

Ha vuelto a probar comida, y a beber jugos de frutas, y a saborear los dulces que tanto adora comer, no apenas el suero

con la dosis requerida de electrolitos con los que mantienen
su organismo funcionando hasta cierto punto —no defeca,
solo orina— y, en ese delicado equilibrio químico que
debe mantener a buen resguardo, así como el emocional
en el que vive, cavila sobre lo que podrá hacer. Vaya tesón.
Franklin Brito decide que hará una nueva huelga de hambre.
Regresarán a Caracas.

*Nos fuimos de Bolívar porque no se solucionó nada, porque
todo fue un fraude.*

El 24 de noviembre de 2006 comienza Brito su siguiente
huelga, que durará hasta el 13 de noviembre, cuando
tiene lugar un nuevo intento de acuerdo, este ahora con el
mismísimo Instituto Nacional de Tierras (INTI). Debe tener
Franklin Brito un grado de hartazgo infinito. Los años siguen
pasando, ha perdido la posibilidad de sembrar y cosechar,
han vivido espantosamente, de la manera más dura e
inestable posible, entre promesas, viajes, penas, paños tibios,
o trapos rojos, albur. Atrapados en un tablero infestado de
ardides y entelequias.

Pero antes de iniciar la siguiente huelga, Franklin Brito intenta un previo paso que será la solicitud de un recurso de amparo. Hace un *tour* por los tribunales a cargo; su caso produce siempre la misma reacción, un resorte lo repele, lo rebota. La cosa es de espanto ¡y brinco! Pero Brito no se intimida, llega hasta el Tribunal Supremo de Justicia, como ciudadano que exige sus derechos y como huelguista. Persiste.

En vista de que los organismos competentes se han negado a resolver los problemas que nos causaron, el 25 de agosto de 2006 solicité un recurso de amparo constitucional, conforme a lo previsto en el artículo 27 de la Constitución de la República Bolivariana de Venezuela, en concordancia con el artículo 1 y el encabezamiento del artículo 5 de la Ley Orgánica de Amparo sobre Derechos y Garantías Constitucionales de la República Bolivariana de Venezuela, por la violación de mis derechos de acceso a los órganos de justicia, al debido proceso, a la defensa, a la oportuna respuesta a mis peticiones y a la propiedad, establecidos en los artículos 26 y 49, numeral 1, 51 y 115, de la Constitución de la República Bolivariana de Venezuela,

hace saber.

En efecto, asistido por el abogado César Alfredo Hernández, con inscripción en el IPSA bajo el N° 46.036, el recurso se interpone ante el Juzgado Segundo de Primera Instancia en lo Civil, Mercantil, Agrario y de Tránsito de la Circunscripción Judicial del Estado Bolívar, y consiste en un amparo constitucional contra los actos del Instituto Nacional de Tierras (INTI) y los ciudadanos Rafael Gregorio D'Amico

Baquero y Concepción de Jesús Antoima Fajardo, para cuya fundamentación se invoca que sea reconocida la violación a las normas que contienen los artículos 2, 3, 7, 19, 21, 22, 25, 26, 27, 49, 51, 55, 115, 137, 140, 143 y 257 de la Constitución de la República Bolivariana de Venezuela.

El 28 de agosto de 2006, el Juzgado de Primera Instancia declara inadmisible su solicitud de amparo, pero ordena la remisión del expediente al Juzgado Superior Quinto Agrario y Civil-Bienes de la Circunscripción Judicial del Estado Monagas con competencia en lo Contencioso Administrativo de la Región Sur-Oriental, para que se complete la primera instancia constitucional.

Y Brito va. Brito persiste.

Dicho juzgado, a su vez, confirma la inadmisibilidad el 23 de octubre de 2006. Y el 30, el referido juzgado superior oye la apelación y ordena la remisión de las actas procesales correspondientes al mismísimo Tribunal Supremo de Justicia, Sala Constitucional, para el conocimiento del recurso. Luego de la recepción del expediente de la causa, según los documentos legales, del procedimiento se dará cuenta en sala el 22 de noviembre de 2006 —cuando se dijo, se leyó, se esgrimieron los argumentos, se dio a conocer su petición harto dicha en otros escenarios, se elevó públicamente, se debió entender el problema, se acusaría recibo—, y de seguidas se designó como ponente al magistrado Pedro Rafael Rondón Haaz.

El 29 de noviembre de 2006, el recurrente reiteró consistentes los fundamentos que hacen improcedente su apelación. O sea, nones.

Aquí se cometió una de las mayores aberraciones con mi caso,

persiste Brito.

La decisión habría tomado en consideración el eventual
retraso del procedimiento y así dictamina, argumentando
que los lapsos se vencieron y el caso navegó por horarios
caducos, extemporáneos. La interpretación de Brito es otra.

No consideraron,

deduce,

el fondo de la denuncia:

que el acceso a Iguaraya seguía cerrado y que el usufructuario
de las cartas agrarias que esquilmaban sus tierras continuaba
allí. Que ha ido a todas las instancias, que lleva años en eso.
Que hace huelga de hambre, que vive en la calle.

*Esta decisión del Tribunal Supremo de Justicia es arbitraria
e inconstitucional.*

Elena de Brito afirma que, en efecto,

*le dieron largas al asunto, eso es lo que hicieron, pero no
nosotros sino ¡ellos!*

Pero persisten.

Entonces regresa como huelguista con su esposa frente a la sede
del TSJ, imaginando que estar a pata de mingo de la instancia
cumbre de la justicia patria, a la que había apelado apegado a la
letra, ahora pegado al asfalto, podría significar algo.

Brito vuelve a persistir y vuelve a ser ultrajado.

*Nos secuestraron. A Franklin lo sometieron entre varios
y le agarraron la cabeza como si fuera un coco que
querían abrir para golpearla contra la camioneta en la
que nos montaron. Cuando estuvo por fin desmadejado,
le cubrieron el rostro con una bolsa, igual a mí (que no
podía gritar porque me tenían la boca tapada), para que no
identificáramos por dónde íbamos y a dónde nos llevaban,*

dice Elena de Brito, le vuelven los escalofríos.

Fue terrible, no sabíamos qué querían de nosotros,
temíamos lo peor, que nos mataran y dejaran tirados en
algún barranco, que abusaran de mí, más…, toma aire;
y a todas estas la familia no sabía qué había pasado con
nosotros, no entendían por qué repentinamente, sin avisar,
habíamos dejado la huelga,

cuenta el terrorífico suceso.

Que entre gallos y medianoche llega un par de desconocidos
vestidos de negro —siempre de negro, el color no será un
camuflaje sino una advertencia— y les preguntan cómo
están, les buscan conversación, parecen sospechosos y lo
son, además de cobardes. Al poco rato llegan otros más,
los traicioneros que faltaban para cumplir la encomienda
y cubrirse las espaldas. Los rodean, ahora sí, les dicen
barbaridades a los gritos y nadie se asoma, los zarandean, les
dan de palos, los empujan, los arrean, se los llevan.

Que nos querían dar un susto, fue lo que nos dijeron al final,
imagínate, luego de darnos vueltas durante ¡dos días!,
hasta que se cansaron y nos llevaron hasta una estación de
policía por no sé dónde, donde nos dieron de comer pollo
frito, nos amenazaron: «Ya saben lo que podemos hacerles,
así que déjense de vainas».

Y Brito persiste.

Lo más increíble: el gobierno intenta un amparo ¡contra
Franklin!

La abogada Adriana Vigilanza cita a Fernando Savater.

Creo, como el filósofo y escritor español, que «la educación
para la paz no consiste ante todo en deslegitimar la
violencia, sino en legitimar el Estado de derecho, sus
instituciones y su constitución»,

el sueño de todos en medio de la pesadilla.

A propósito de la huelga frente al Tribunal Supremo de Justicia —no del secuestro impune—, Hugo Chávez vuelve a referirse al caso de Franklin Brito en su programa *Aló Presidente* del 7 de octubre de 2007. El extinto caudillo militar y paracaidista, quien fuera además un populista de izquierdas, prestidigitador de la política, ilusionista mediático, animador, ancla de su propio espacio televisivo de variedades —anuncios políticos, despidos de adversarios que proclama con un silbato, anécdotas personales, coloridas versiones de la Historia, él de cantante si fuera menester—, amén de predicador de notoria incontinencia verbal —sus discursos son los más largos de la historia, solo lo supera Castro, su mentor, y por pocos minutos; Chávez por su parte acumula más millaje que nadie— y beisbolista frustrado, le pide al entonces ministro de Tierras y presidente del INTI, Juan Carlos Loyo, que tome cartas en el asunto y que haga todo lo posible y lo imposible para solucionar, de una buena vez, el tortuoso asunto.

El ministro está sentado allí, como parte del público que asiste al programa, en calidad de miembro de la platea participativa y protagónica: así como la gente va a aplaudir o a fungir de barra en los estudios de televisión de medio mundo en *shows* y galas, o a reír cuando justo así les indican los carteles *chuleta* durante la grabación de comedias, o a levantarse con entusiasmo de sus asientos en los programas de concursos, igual cumple Loyo al dedillo la tarea; no será necesario hacer la ola.

Los Brito, que en la huelga siguen el programa desde un televisor minúsculo que les han prestado, oyen cuando son mencionados. Y ven que Chávez, enmarcado en un sereno

plano medio, ha abierto el diario *Últimas Noticias* —todavía
el popular tabloide no se había convertido en el órgano
recalcitrante de propaganda del régimen que ahora es, y del
que serían despedidos tantos colegas por su color (no ser rojos).
El asombro de Chávez queda recogido en un primer plano.
Mira estupefacto el extenso reportaje sobre Franklin Brito
—las páginas centrales del periódico dedicadas al agricultor
en huelga y no al Che Guevara, a quien había que celebrar
quién sabe por qué—, por lo que salta en su silla. E interpela al
director del periódico, el periodista aliado Eleazar Díaz Rangel:

Eleazar, ¿tú no eres mi amigo, vale?,

lo emplaza inmiscuyéndose en la línea editorial, con altanería
por decir lo menos. Luego va con Loyo. Chávez, en su tono
llano y llanero, le dice que qué ha pasado, que yo creía que
esto se había resuelto, que *¡pero bueno, chico!* La cámara
enfoca a un tenso Loyo.

Chávez increpa en vivo a Loyo, le dice: ¡Pero bueno, Loyo!
¿Qué es esto? ¿Todavía no se ha resuelto el problema este? Y
grita: ¡Loooyo, Loooyo, haga algo al respecto pero yaaaaa!,

lo imita con verdadera gracia Ángela Brito.

Loyo toma nota de las instrucciones, lo enfocan asintiendo.
No pasa mucho tiempo cuando los Brito lo tienen en persona
frente a ellos. Ha saltado presto de la pantalla a la tercera
dimensión. Un milagro que ni en *La rosa púrpura del Cairo*.
Luego del maratón que se ha anotado, calle abajo —el *Aló
Presidente* ha tenido lugar en el Ávila—, Loyo el corredor les
comunica que tiene el imperativo de resolverles el caso. Se
esfuerza para que le crean y les asegura que la solución será
por fin una realidad, ahora sí, y, claro, le pide a Franklin Brito
que deje la huelga.

En vista de que no acepté sus argumentos y no levanté
la huelga, entonces el 11 de octubre de 2007 se presentó

*nuevamente a la carpa y me dijo que podían también
entregarme cien millones de bolívares pero no como
una indemnización, sino como una ayuda, cosa que
tampoco acepté,*

diría Brito en una entrevista a *Tal Cual*.

*Porque con rodar la cerca al límite correcto como hizo por
fin el INTI no basta para arreglar este problema, también
tiene que revocar las cartas agrarias adjudicadas en mis
tierras; lo que yo pido, exijo, es que se corrija el exabrupto.*

Pasa que Loyo interpretaría un doble rol en este caso. Es la
cabeza del INTI, el organismo que entregó las cuestionables
cartas agrarias —por decir lo menos—, y es asimismo
el negociador. Funcionario del gobierno que posterga la
solución del conflicto y el mensajero que trae buenas nuevas
y espera que le crean. En dual rol de seductor a la defensiva,
quedaría claro que parece desatender la expresa solicitud del
jefe porque, a la vez que intenta convencer a Brito de que baje
la guardia, dice públicamente que

*en Iguaraya no existe ninguna ocupación ilícita, ni
expropiación, ni ningún tipo de afectación de las que
comúnmente muchos medios privados se hacen eco,
confiscaciones o cosas por el estilo.*

Antes, durante, después, los funcionarios a cargo tejen y
destejen, ofrecen piñatas y luego recogen velas, creen que
gobernar es empuñar un cordel que tiran y encogen a gusto
para que quien esté del otro lado, todos los demás, sepa quién
manda. O tal vez es mera confusión, dificultad de sostener
una idea coherente sin que la intercepte la mezquindad, esa
camarada colmilluda que anida cerebro adentro. En todo
caso, Loyo, sin llegar al extremo de disparar un tirito al
gobierno y otro a la revolución, hace malabares.

Por otra parte, no es difícil imaginar el acordeón en que

debió haberse convertido el sistema nervioso de Franklin Brito, un ciudadano que anhelaba un gesto de cordura en la deshilachada escena. Por enésima vez: lo que el propietario invadido quiere es la anulación de las cartas agrarias que comprometen sus linderos.

El 3 de noviembre de 2007, a 94 días de huelga, con un estado de salud delicado, había perdido 30 kilos, ya no podía caminar ni hablar y tenía seis días vomitando muy seguido las secreciones biliares, por lo que decidí suspender la huelga con el ofrecimiento que me hiciera el presidente del INTI en palabras, sin firmar ningún documento, de costearme la hospitalización en una clínica para mi recuperación y evaluación,

admite Brito, persuadido de que deberá acceder a las atenciones médicas que le procuren la recuperación de su salud menguada antes de su regreso al fundo.

Estuve hospitalizado en la clínica Herrera Lynch de San Bernardino durante seis días y las evaluaciones arrojaron que tenía, a consecuencia de la huelga, una gastritis difusa, el hígado inflamado, la vesícula dañada por la acumulación de barro biliar y que tenían que operarme para sacarme la vesícula. Me dieron de alta el 13 de noviembre de 2007.

El hombre que quiere justicia es este que quiere vivir.

El ente oficial, que se ha comprometido a eliminar las cartas agrarias, a restaurar los daños causados y ayudarlos a reacondicionar sus tierras, también promete entregarle a Brito aperos y maquinarias para acometer el trabajo pendiente. No puede ser mejor, si de veras el anuncio tiene correlato con la realidad. ¿Será posible, por fin? Recuperado físicamente, debe ser un momento de alivio, de alegría, qué duda cabe, este cuando, con su cuerpo restaurado, el alma también se solaza por lo que parece avizorarse: la solución del problema que los ha traído de cabeza por un quinquenio; ese momento cuando cree que ha tenido sentido el esfuerzo ahora coronado. Debe producirle a Franklin Brito y a los suyos un consuelo infinito pensar que están a un paso del sueño que los ha tenido en vilo: organizar de nuevo sus días, tener paz, recuperar lo malogrado, volver al trabajo, recobrar en lo posible la normalidad: sentarse a comer a la mesa, bañarse, poder besarse a solas con su mujer, dormir en una cama, tener un retrete propio y todo lo demás. Un respiro, pues, suponer que el engorroso y largo proceso al que han sobrevivido está por caducar.

Pensando que quizá ahora sí verán a la dama (o daga) ciega poner el peso donde es en su arbitraria báscula, Brito, en permanente comunicación con Loyo, rozando el futuro con las manos, vuelve de nuevo a Guarataro. No es una victoria pírrica (esquiva tal vez). En efecto, poco a poco, van recibiendo aquellos inesperados presentes que les han prometido. Faltan los renos, por ahora.

El 19 de julio de 2008, recibí de parte de funcionarios del INTI insumos agrícolas para sembrar quince hectáreas de melón y quince hectáreas de patillas: veintitrés libras de semillas de patillas, veintidós libras de semillas de melón híbrido, dieciocho toneladas de abono, seis toneladas de urea y productos agroquímicos, todo por un costo de sesenta millones de bolívares,

hace honradamente la relación de lo que ha llegado a Guarataro, todo un equipamiento con el que debe reemprender sus labores de agricultor y reponer los años perdidos, volver al contacto fecundo con la tierra, salir adelante.

...y con respecto al problema de mi fundo, Loyo ofreció entregármelo y otorgarme, además, una indemnización: un cheque por 150 millones de bolívares. El 19 de diciembre de 2007, recibí, efectivamente, dos cheques del Banco

*Industrial de Venezuela, el primero por cien millones
de bolívares, emitido por el Ministerio de Agricultura y
Tierras, Fundación Tierra Fértil, de la cuenta Nº 0003-
0059-49-0001074752, con el Nº 70898013 y con fecha del 6
de noviembre de 2007, y el segundo por cincuenta millones
de bolívares, emitido por el Instituto Nacional de Tierras,
de la cuenta Nº 0003-0059-48-0001084710, con el
Nº 05239224 y con la fecha del 19 de diciembre,*

da cuenta Franklin Brito.

*Además fue costeado el engranzonado de mi vía de acceso
que habían destruido los vecinos; las dos alcantarillas
que ahora posibilitan el paso a Iguaraya, cabe añadir, se
habían construido previamente, el 16 de abril de 2007,
con financiamiento también del INTI, por el monto de
67.526.406 bolívares. Asimismo se comprometió el INTI a
pagar la deforestación de sesenta hectáreas de rastrojos
(montaña baja) e insumos para sembrar treinta hectáreas
en mi fundo, sin que yo tuviera que reintegrar nada de todo
el dinero gastado,*

glosa Brito entusiasta.

*Debo agregar que me pidió que aceptara los cheques en
esas condiciones y no como la indemnización acordada
porque esos trámites requerían de más tiempo. Dijo
que cuando se ejecutaran todas las partes del acuerdo
firmaríamos un acta donde se establecería lo de la
indemnización y compendiaría todo el procedimiento,*

consigna Brito el correcto.

Franklin Brito recibirá además cincuenta mil bolívares en
enseres para el hogar. Recordar que han vendido su patrimonio
para subsistir y no solo han perdido las herramientas de
siembra, sino que se han quedado sin licuadora, sin nevera, sin.
Sí, parece un programa de concursos, y Brito el premiado. Un

juez, a solicitud de Brito, suscribirá su testimonio, el registro punto por punto de lo que le ha entregado el INTI: un tractor, una rastra agrícola, una fumigadora, abono, fertilizantes, semillas. Listo, solo falta lo de siempre.

Pero nada que llega la confirmación que refrenda, que garantiza, que limpia de polvo y paja la titularidad de Iguaraya. Había quedado establecido que serían anuladas las cartas agrarias entregadas con artimaña, pero pasa el tiempo y el asuntillo que ha provocado la pugna, que es el meollo, sigue en veremos. La orden de finiquito de la usurpación permanece bajo las mangas de la mandonería y por lo visto así permanecerán siempre, ocultas al fondo de alguna gaveta perdida de la burocracia, en la misma donde estarán escondidas las pruebas del horror, los acuerdos que apuntalan el arco minero, y está borroneado el cuento de la guerra económica, los negocios de las bolsas clap, las pistas de los depósitos en bancos mudos del mundo, los negocios raros, las no licitaciones, la suma imposible de la cuantía del gasto con botas. Un día, otro más, el siguiente, y nada que llega la notificación que asegura que ya han sido revocados esos vales que le han quitado, gota a gota, la vida. Se rezagan los vecinos, han botado tierrita, pero Brito quiere el papel que deroga de manera formal, por escrito, el desmán, y nada. Increíble *déjà vu*.

Como aderezo, el tractor es un nuevo quebradero de cabeza: Franklin Brito no puede usarlo porque a él nadie le vende combustible en Guarataro, como si de un escrache comercial se tratara.

Un vecino conseguía tres mil litros y le daba a mi papá
la mitad, pero expresamente le dijeron que no nos podía
dar ni una pizca más porque dizque el gasoil es un líquido
preciado que se distribuye con mucho criterio sobre todo
cuando hay minería ilegal. Ensañamiento es lo que es,

la frase derrapa con dolor de la boca de Ángela Brito.

*O sea, que mi papá a lo mejor quería, qué se yo, hacer
negocios turbios o andaba con ganas de echarle candela
a algo.*

Sí, sin duda detrás de este caso hay una animosidad que se
haría viral. Por añadidura, como si de un capítulo inédito de
Los miserables se tratara, las semillas sembradas no producen
cosecha alguna. ¿Es posible que les hayan dado semillas en
mal estado?

*No hay otra posibilidad, estarían vencidas, no produjeron
nada,*

evoca Ángela consternada.

¿Querrían los Brito parecer inconformes, quejicas acaso? No,
querían lo que les correspondía, la ejecución pulcra y certera,
tantas veces anunciada, del justo procedimiento que es como
el abanico con el que el escritor, columnista, intelectual y
crítico de cine Rodolfo Izaguirre compara la democracia
venezolana: se abre y es, y tan fácil, tan seguido, por ahora,
se cierra y no. La anulación de las cartas agrarias falaces es
una promesa cuyo cumplimiento es tan escurridizo como la
presencia del conejo en el truco del mago; ahora está, ahora
no está, y queda la chistera vacía. No parece ser una decisión
jurídica de cumplimiento administrativo la que se estaría
gestando sino una carnada atada a un anzuelo: de vez en
cuando la muestran, nunca la dejan tomar. Como la soberanía
alimentaria, la paz, la libertad de expresión, la justicia es
parte del imaginario, no existe; si alguien la vio, un testigo
estrella probablemente de ojos rojos, que dé su versión. La
cotidianidad feliz es cuento y se narra como épica.

*Hasta ahora el INTI no ha revocado las cartas agrarias de
mis vecinos para corregir su error y tampoco han firmado
el acta donde se establecería por qué y bajo qué condiciones
se hizo cada una de las partes del acuerdo. Al parecer esta
institución ha tratado de hacer todo de manera que yo*

*desista de mi solicitud de justicia, sin importarles para ello
cometer actos de corrupción y delitos graves, porque ¿bajo
qué argumento o justificación habrían gastado entonces
los casi 730 millones de bolívares que me entregaron,
en dinero y productos, amén de los setenta millones
de bolívares que me había dado antes el ministro Jesse
Chacón? ¿No era todo parte de un convenio relacionable a
procedimientos administrativos establecidos y con causa
justificada?,*

        vuelve Brito a padecer.

        Y vuelve el caso a ingresar al territorio inasible, gelatinoso, difuso de lo errático. Parece un juego perverso de desgaste, un gesto que busca su distracción y que la infamia venza, un ritual en el que un hombre espera la justicia pero esta es Godot y su interlocutor, una tapia.

*El Estado venezolano no le ha dado las soluciones que él
espera: reconocer que se cometió un error en su caso y que
se ha incurrido en hechos de corrupción al tratar de que
él desista de sus reclamos. Brito lo que necesita es que la
justicia funcione en Venezuela y no que le den un saco de
semillas o un tractor iraní para que no se hable del daño que
le han ocasionado,*

        asegura la abogada defensora del productor, Adriana Vigilanza.

*Hasta que Loyo le dijo a mi esposo que se dejara de
tonterías, de comiquerías. ¿Tú eres un flojo, chico?, ¿qué es
lo que te pasa? ¿Por qué no te pones a trabajar, ah? ¿No te
pagamos? ¿No te dimos los materiales? ¿Qué más quieres?
¡Eres un malagradecido! Y Franklin le dijo a Loyo: la justicia
es una línea recta.*

        Como él.

Hubo quien creyó que Franklin Brito no tuvo bien aguzado el sentido de la realidad, que dejó que los fantasmas de la desconfianza ganaran la partida y por eso no se conforma con nada. Que, incapaz de adaptarse, de ubicarse, desde un ¡idealismo poco práctico! interpretó lo que le pasaba como escamoteos de los malos que lo acechaban. Que nada le complació porque no tenía el don de la aceptación o de la adaptación, y que, la verdad, no se correspondía su lamento de pájaro de altiplano con las múltiples atenciones prestadas.

Que tal vez hubiera podido ceder, conformarse con el dinero recibido y seguir adelante, trabajando en sus parcelas aun cuando no tuviera en sus manos la constancia de la titularidad reconstituida; total, ya los vecinos se habían rezagado, replegado, esfumado ¿qué más quería? ¿Para qué darle tanta importancia a unos papeles? ¿Cómo es que con tantos apuros y con tanta necesidad pudo ponerse con tantos tiquismiquis? ¡Debió haberse quedado tranquilo de una vez y ya!

Seguramente desinformados, o sintiéndose amenazados en sus convicciones, son estos tibios los que constituirían —horrorizados, avergonzados, atemorizados— esa barra enmudecida que admitirá hasta dónde llegan sus linderos, los de su capacidad de lucha, y preferirán su acotado hasta aquí. Testigos intimidados, acaso silenciosamente en desacuerdo, o solamente silenciosos con dudas, terminarán sumándose a los contrincantes que, sin razón, propusieron el *forfait*.

Inquietos, imposibilitados para comprender la bizarría de este cristiano que la justicia no salva —o que es tipo Salvador Gaviota—, se harán los muy vista gorda más preguntas: ¿cómo vivir así, en la cuerda floja, en el riesgo extremo, pendiendo de un hilo, en aquel vacío? ¿Y si termina rompiéndose el hilo por el que avanza? ¿Y si pierde el equilibrio? ¿Y si no hay red al caer?

Agoreros.

La historia vuelve al punto de partida, se repite como un bis infinito el patrón, un *ritornello* al no, desde el quién sabe. La lista de obstáculos, trucos, simulaciones, y demás asuntillos que se adhieren a la saga, la convierten en una especie de imán para la calamidad. Pero no es Brito quien atrae el horror, tampoco lo produce; el horror está servido y él lo descubre, lo señala y este se voltea y se le abalanza. Franklin Brito es quien ve al emperador desnudo, y lo grita a los cuatro vientos en el desfile al que acuden con ojos que bizquean los que prefieren engañarse. No. Nada que se anulan las cartas agrarias fraudulentas. Franklin Brito se siente de nuevo engañado.

Temiendo —con razón— que si le da uso a los pertrechos agrícolas y enseres domésticos se perjudicaría, y de que pudieran tal vez acusarlo de corrupto los que lo han burlado, decide entonces grabarse a sí mismo explicando las razones por las cuales rechaza el dinero y todos los materiales e instrumentos: es así como da la pelea. Franklin Brito, que no ha cobrado aún la sarta de cheques recientes —los enseña ante las cámaras—, registra su imagen y su verbo en un nuevo cedé de alegatos y consideraciones que distribuye entre periodistas y a quien pudiera interesar. En el video explica que no quiere otra cosa que justicia. Sencillo: justicia. Y cuenta las penurias de su situación insólita. Atascado entre las promesas de solución y el sinfín de daños que se producen en imparable secuencia, tiene un dinero pero no sabe si recibirlo: es un arma de doble filo. Y tiene una finca pero no puede vivir en paz en ella porque los vecinos tienen más poder que la ley. Es total el desamparo en todos los ámbitos, jurídico, laboral, existencial. De frente, sus argumentaciones son cátedra en una única toma.

*Es posible que se enrede mi nombre en esta derogación
que, aunque debería tener un origen administrativo y una
justificación jurídica, el propio director del INTI, Juan
Carlos Loyo, coloca a un lado cuando dice por televisión
que el otorgamiento de estos pagos no significa que me
dieran la razón porque, en realidad, los cheques emitidos
a mi favor solo expresan compasión, y que son una forma
humanitaria de colaboración, por mi situación y mi
delicado estado, ¿existe esa partida?, ¿mi lucha no tiene
asidero entonces?,*

      añade decepcionado, contrariado, indignado.

Eso me resulta inaceptable,

      dice. Su decencia es un antídoto.

      Caso que le incumbe a las leyes pero rapta la irracionalidad;
no se trata tanto absurdo de realismo mágico. Más bien
pareciera otro ejercicio de polarización, ese ardid político que
excluye, que separa, que marca trincheras, y cuyos imanes
pierden cada vez más su energía. Esa rutina odiosa que, más
que un visceral conjuro, es un bochornoso boicot al país todo.
Quienes han de darle respuesta se escabullen, incumplen,
torean, y se protegen; hay un nosotros y un otros de entre
los cuales sobresale Franklin Brito, el tenaz. El que con su
razonamiento da cuenta de una constancia poco común,
inédita; no obcecación, ¿o acaso insistir en que se haga justicia
lo es? ¿No es más bien obcecación la insistencia del gobierno
en negar lo correcto, a riesgo, como Brito dijera, de delinquir?
Las autoridades se afanan en embelecos pero renuncian
a resolver el conflicto. Se crispan y luego dan un portazo,
incapacitados, al parecer, de aceptar las leyes. No es no.

*Dos chiflados, eso es lo que éramos para Elías Jaua, que nos
visitó para decirnos que teníamos que ceder, olvidarnos
de tanto rezongo, porque ¿para qué, si nadie nos prestaba
atención? Exactamente, y en tonito de burla, además, nos*

dijo que qué era lo que nos creíamos, que parecíamos dos
loquitos y que no llegaríamos a nada; acaso todavía tengan
esa idea de nuestra familia, debemos parecerles raros,
porque no nos atienden o no nos entienden, no han buscado
los enseres donados, aunque he llamado infinidad de veces
para que los retiren,

dice Elena de Brito, intensa y apasionada, distinta al marido calmo. Pertinaces los dos.

La constancia de Franklin Brito lo convierte en una especie de topo que busca abrirse caminos pese a las confusas perspectivas, mientras la mezquindad insiste en que hay que detener a este que nos saca de quicio; mientras la indolencia le pasa por el frente con lentes oscuros. El INTI, que ha otorgado créditos al vecino intruso, declara que desde 2006 ha certificado que no existe solapamiento de tierras sobre el fundo Iguaraya (falso) y que lo que sí hizo fue establecer una servidumbre (permiso) de paso en la vía (umjú), y que reparó cercas, deforestó espacios para siembra y que el gobierno bolivariano decidió entregar en forma gratuita una serie de beneficios, como vehículos, enseres e insumos (cierto). Pero Brito sigue con las manos vacías. No le responden cuándo serán derogadas las impostoras cartas agrarias.

De cuerpo entero, esquelético, sentado en posición de loto, los años abreviándole la figura pero no el arrojo, prosigue su discurso, uno que merece aplausos acerca de los procedimientos sospechosos y las tentaciones.

¿De dónde vienen estos fondos? ¿Quién o quiénes los
autorizan? ¿Se reconoce o no que tengo razón? ¿Cuál es
el problema de transitar el camino correcto y aprobar las
indemnizaciones con las partidas previstas? ¿No pueden
ponerse de acuerdo para que se cumpla la ley? ¿Estos
cheques harán que desistan de beneficiarse de las cartas
agrarias los invasores?

Magro, escueto, como un árbol sin hojas, ramas entecas
sus extremidades, las mejillas escabullidas, los pómulos
dos puños cerrados forrados por una piel cetrina, los ojos
interpelando, él a la vista de todos con la confianza de que
el video será reproducido a la ene, nada de escenografía,
pura austeridad, es una aparición a la que solo le faltan las
alas. Lo que dice y cómo lo dice, su manera de gesticular, de
mirar, de explicarse, la sencillez y la absoluta ausencia de
pose, le otorgan una inquietante credibilidad. Parece que
su garganta contuviera solo verdad, agua clara, ninguna
otra aleación. No, no es profeta, y menos en su tierra, pero
merece todas las palmas. Voz que estremece, ronca y sin
engolamientos, intercambia, como todos los sucrenses, erres
por eles, eles por erres; sin embargo, su decir es impecable.
Todo parece claro, no cabe ningún enigma. A aquellos
a los que unas monedas hacen salivar no entenderán la
verticalidad del hombre que ya va pareciendo eso que él cree
que es la justicia: una línea recta.

El perfil de sí mismo.

Aturde el desvío sempiterno del carril, la renuencia
y la renuncia deliberada a cumplir con lo ofrecido, la
consuetudinaria fascinación por el estropicio. Asombra la
ausencia de empatía con quien clama justicia. Desconcierta
la supuesta compasión que viene acompañada de una navaja.
Descorazona, a los que creen que el bien es productivo
—claro, porque la corrupción empobrece, envilece, no es
sustentable—, que siempre se atajen, se obstaculicen, se
envilezcan los procedimientos correctos. Ha de hartar a los
Brito el disco rayado de la promesa incumplida, el *mix* de la
inoperancia, el juego perverso de la arruga que se corre.
El cuento del gallo pelón. Choca la adicción al camuflaje.

En estas circunstancias asiste a una reunión a la que también
han sido convocados los funcionarios de la Gobernación del
estado Bolívar, gente del INTI y los invasores, sus vecinos que
dicen tener sí las cartas agrarias de la (misión) intromisión.
Los transgresores son mayoría en la mesa donde no se
respiran aires de buena voluntad, nadie ofrece disculpas,
nadie confiesa remordimiento. La reunión es un intento
de acuerdo con participantes que se comunican desde el
altozano de la soberbia. La convocatoria tiene lugar bajo el
solazo. El bochorno es una lámina tangible que asfixia. El
calor se respira, y se ve. La atmósfera es un umbral caldoso
que afecta el entendimiento. Acuden algunos mandamases
burlones que aplauden el mal chiste.

La Tigrera deviene laboratorio del desaliento. Da la impresión,
por lo que ocurre en el fundo y alrededores, donde el aire
se enrarece y la autoridad lleva reloj y cadena y diente de
oro, de que en estas ricas tierras bolivarenses el exitoso
formato rentista de extracción derivó en el modelo mafioso

del capo y el mandón, el patrón de actuación es el tejemaneje
y el patroncito que mal actúa es el goloso que cree que no
hay mejor modo de vida que el de la pandilla que impone su
propia ley. Cosa envilecida, corrompida, la lideran pranes,
garimpeiros y hombres con charreteras.

Gentes de armas tomar intentan devastar a los que apuestan
a la construcción de una vida organizada; el más fuerte gana.
Gentes que tienen los bolsillos a reventar porque los llenan
billetes sembrados con polvo digamos royal hacen de las
suyas donde antes hubo pujanza agrícola y metalmecánica.
Gentes que entendieron que El Dorado, tentación modélica
y constante en el imaginario colectivo, no es una leyenda
sino un arco minero, y contrabando, y avionetas que cargan
lo prohibido, y prefieren antes que un loro, oro, antes que
un gato, gatillo. Un barril sin fondo en el que se hunden los
incapaces que prefieren los mitos, lo gratuito, el mango bajito;
lo que fagocito sin ningún prurito.

*...y se fue poniendo peor, luego de la muerte de papá. Los
vecinos que nos hicieron la vida de cuadritos vendieron,
se mudaron de La Tigrera, y no sé quienes compraron
pero todo se ha enrarecido, no sabemos qué siembran... La
agricultura está abandonada. Iguaraya también... y no nos
han dado las cartas aún,*

       confía Ángela Brito.

Franklin Brito siente el aliento metálico de los trasgresores
que no quieren que nadie les agüe la fiesta. Son dragones que
escupen fuego. Difícil hacerse entender. Los interlocutores no
gustan de conversar, solo mandar. No hay mucho que hacer,
por ahora.

Voluntad de hierro, azogue en las venas, perseverancia que parece manar de un manantial inagotable, en vista de que ha sido de nuevo desatendida por las autoridades a cargo su petición dicha y redicha de que anulen las cartas agrarias que ponen en duda la titularidad de sus posesiones, y convencido de que podría lamentar verse involucrado en una averiguación sobre los equipos, materiales y enseres que le han entregado sin facturas que refrenden el procedimiento, y porque además se rehúsan a dárselas, Franklin Brito pone todo a nombre de un tribunal

—No, no nos dijeron paranoicos, no todavía; pero sin duda lo que sí estábamos ya era curtidos, entrenados, en sobreaviso,

confía Elena de Brito— y vuelve a Caracas. No es otro el plan que retomar su protesta pacífica y reiniciar otra huelga de hambre; esta vez escoge ubicarse frente a la sede de la Organización de Estados Americanos, OEA.

Precario el tinglado, dolorosa la postal, irrumpe en la que será la nueva escena de su peregrinaje por salones, tribunales, plazas —la calle Orinoco de Las Mercedes—, el 2 de julio de 2009. Una síntesis del caso está contenida en un rimero de carpetas rotuladas, disponibles para quien quiera consultarlas. A un costado hay una pizarra que lleva la agenda y en la que anota, cual titulares, puntuales llamados de atención del caso. En las esquinas del andamiaje de utilería se permite adherir papelitos-memorabilia con anotaciones que recuerdan las entrevistas que le han pedido, quiénes lo visitan, qué información urge suministrar y cómo están sus valores físicos. Y tiene un calendario con días marcados en rojo. El espacio de

protesta, que incluye la camilla donde él está acostado y una
mesilla plegable que lo ha acompañado desde la plaza Miranda,
es a la vez que un retrato de la inopia, activo despacho.

*Es mi anhelo que la Comisión Interamericana de Derechos
Humanos se pronuncie ante mi caso, aunque no estoy
absolutamente seguro de que nos pueda ayudar debido
a nuestras limitaciones económicas, las limitaciones que
implican la distancia y las que tienen que ver con nuestro
desconocimiento de los procedimientos para accionar ante
esta institución, ya que no soy abogado y no tengo la ayuda
formal de ninguno,*

ofrece franco, como es usual, sus primeras declaraciones en
la nueva locación, persuadido de que la lucha debe pasar a
otras instancias; así lo admite sin empacho: que el apoyo de un
organismo internacional de tal calibre, como el que da marco
a la puesta en escena, podría producir a su favor más que un
efecto simbólico.

*Sin embargo, quiero dejar claro que esta decisión mía
no busca presionar a la Comisión para que se parcialice a
mi favor o se viole el debido proceso, porque creo que la
justicia debe ser imparcial, precisamente de respeto por las
formas se trata mi lucha,*

chapeau. Franklin Brito no se calla, no se acobarda, no cesa.
Sorprende su capacidad de aguante.

*A todos nos asombraba su fortaleza, su entereza de
espíritu, papá no era hombre de andar rezando, más bien
meditaba, pero sin duda tenía mucha fe,*

lo admira Ángela Brito. Fe que lo convierte al cabo de cada
nuevo traspié en ave Fénix; que retome la protesta confirma
la firmeza de su empeño, y que eleve sin ambages la denuncia
con que reinicia su campaña de ayunos, una muy gruesa, da
cuenta de su coraje.

*Quiero decirles además que no desisto de mis propósitos,
que se haga justicia y se me devuelvan mis tierras en
Iguaraya, pese a las amenazas. Sí, amenazas. El 1 de junio de
2009 me entrevisté con el presidente del INTI, Juan Carlos
Loyo, y en vista de que nuevamente se negó a informarme
por escrito por qué y bajo qué condiciones se ejecutaron
todas las partes del último acuerdo, le participé que entonces
recurriría a la Comisión Interamericana de Derechos
Humanos para hacer mis denuncias y me dijo de manera
desafiante que si lo hacía me atuviera a las consecuencias;
pues debo decirles que desde entonces han estado llamando
a mi casa para amenazarnos de muerte a mi familia y a mí,*

espetará a viva voz, devolviendo la infame papa caliente el
que adelgaza y se va volviendo varilla de hierro; el mismo que,
además de latir por una causa y medirse el pulso cada día,
tiene sueños y razones; el que lucha y convoca a la victoria; el
estoico de su verdad que ha vuelto a exponer el pellejo. Brito,
el que habita un cuerpo subordinado a su alma.

Hombre que se representa a sí mismo protagonizando una
historia cruenta que necesita audiencia y se sintoniza en
vivo y en directo, permanecerá seis meses frente a la OEA en
huelga de hambre, muchos de ellos al lado de los jóvenes que
protestan, que han puesto en jaque al gobierno contrincante
que ofende, que hace de la ley un saco y en él *nos* mete.
Comparten él y los muchachos el ser objetivo de *flashes* y de
gendarmes. Son dos razones, igual escenario, y el mismo país.
Días largos, amorfos y desgastantes en los que la agenda es
resistir y seguir resistiendo (tan pasmosamente largos que
nos alcanzan a la fecha de hoy), discurren por cuentagotas
las horas de espera que bastan y sobran para recibir visitas
de amigos, a los periodistas, a los estudiosos del fenómeno en
que se ha convertido; a curiosos que preguntan con inusitado
interés, como si fueran a ayudar, y a fisgones que indagan sin
decir mucho con qué objeto y levantan sospechas.

La agenda incluye corresponsales, dolientes, miembros de oenegés y de fundaciones solidarias, monjas, sacerdotes, doctores que van de manera espontánea o a diario, como el presidente del Colegio de Médicos, Douglas Natera, vecinos, artistas, amas de casa y hasta soplones, aunque ningún grupo en particular asume la lucha de Franklin Brito como su bandera. Se acercan también líderes de la oposición, muchos aconsejando otras formas de lucha. También emisarios del gobierno y funcionarios para arreglos truculentos, no de fondo, no de verdad. Su proceder controversial provoca solidaridades; no necesariamente adhesiones automáticas, no del tenor y la cuantía necesarios.

Fue una lucha política, porque afectaría las bases mismas del sistema, del modelo, y reveló las pifias que hemos cometido y seguimos cometiendo en la manera de organizarnos como sociedad; fue también una lucha ética y moral contra las fallas y el camuflaje de decencia que usan las instituciones, para ocultarse de la injusticia que ellos mismos cometen; pero no fue partidista: Franklin no hizo alianzas con nadie aunque al final, por ejemplo, coincidimos en las puertas de la OEA con los estudiantes que irrumpieron en 2007 en la lidia, y con quienes compartimos nuestros campamentos y causas distintas, aunque ahora veo que no lo fueron en absoluto. Esa reunión con los jóvenes que de la protesta pacífica de calle pasaron a la huelga de hambre fue una convocatoria plural de voces en la causa común. Un hervidero de venezolanos comprometidos que asumimos todos los reclamos de justicia, de libertad, de verdadera democracia que debían y deben seguir haciéndosele, ahora más que nunca, al gobierno forajido,

desliza sin titubeos Elena de Brito.

Y fue una lucha dada en familia, no de masas, que convocó, sin embargo, infinidad de apoyos, y que contó, sin duda, con

*la solidaridad de muchos medios de comunicación que no
permitieron nunca que el caso se desvaneciera en la opinión
pública. Teodoro Petkoff, a través de Tal Cual, fue uno que
no nos desamparó jamás, e hizo de la causa de Franklin
Brito una pauta fija, así como tampoco nos abandonó jamás
Chúo Torrealba, un gran amigo, que desde El radar de los
barrios, hoy por hoy, sigue siendo un apoyo,*

añade.

Hasta que, entre citas y cuitas, a la carpa donde un hombre se
alimenta solamente de esperanza y a esta la agota el tiempo,
llega por fin el anuncio, no uno sino ese, el esperado, el tantas
veces prometido, el que motorizó tantos años de lucha, el que
le cambió la talla, la dirección, la vida a Franklin Brito. Juan
Carlos Loyo, el mismo de las amenazas proferidas meses atrás,
el funcionario que da la cara por los cheques y los materiales
agrícolas entregados para resarcir los daños que producen
las sembradas cartas agrarias que son laceración y punto de
honor y nada que las desautoriza, el director del instituto que
las adjudicó, pues ahora asegura públicamente que

*este día 4 de diciembre se han revocado las cartas agrarias
otorgadas en Iguaraya.*

Sí: ese documento que ha provocado tanto dolor a los Brito y
es el motivo de las reiteradas huelgas de hambre del agricultor
que protesta desde 2004 con su cuerpo, con su espíritu, a
tiempo completo, han sido derogadas al cabo de tantos años
de agonía.

Cree entonces Franklin Brito que ocurre, llámesele, un
milagro. Que el anuncio fuera difundido frente a audiencias
públicas, por los medios, antes que a ellos mismos, en
reuniones privadas, como en todas las ocasiones previas,
supone un compromiso, deduce, se ha expuesto ante el país.
¿Será que habla en serio? ¿Acaso mentiría a tantos, a todos,
el funcionario? ¿No sería el colmo? Presume entonces que

las mentadas cartas agrarias del horrendo equívoco, las que
permitieron a los vecinos alargar los límites de sus fincas
hasta Iguaraya, no son ya más una sinvergüenzura flagrante.
Asido a la para nada descabellada hipótesis del fin del caso,
deja la huelga de hambre.

Como los maratonistas que después de caminar con paso
apurado 42 kilómetros se sienten desfallecer metros antes
de la meta pero no se rinden y, por entre las voces de las
graderías, exhaustos, sedientos, sin aire, persisten a gatas
hasta cruzarla, así se sentirá el huelguista: cansado hasta
la médula pero ubicado por fin en el punto climático, a un
paso del destino fijado, luego del tortuoso viaje. No, no hay
razón alguna para darle largas, ni un minuto más, a aquel
padecimiento que habría sido, además del motivo de la
mengua de sus carnes, la espuela que acicateó, al fin, la
resolución tan perseverada. Se había cumplido el cometido.
De inmediato recogen sus bártulos y levantan aquel tinglado
aparentemente efímero y en realidad tan contundente que es
representación de la histórica resistencia.

Claro que, forjada la duda en el fuego del vacilón y para
evitar un nuevo despojo en el futuro, alguna confusión
en la interpretación del dictamen y que la ambigüedad
persista, Brito el testarudo responde a la buena nueva no
solo interrumpiendo su protesta y tomando una profunda
bocanada de aire. Solicita, también públicamente, que la
decisión que tanto celebra, recién tomada por ese despacho,
conste, por favor, por escrito. Que él quiere tener una copia
de ese edicto en sus manos. Y tras ayunar 153 días, acepta ser
ingresado al Hospital de Clínicas Caracas.

Cuando ha pasado una semana en el hospital, Franklin Brito
recupera más que el aliento. Luego de tanto padecer, aumenta
once kilos en los siete días en los que ha sido auscultado por
especialistas que le dan atención integral y le hacen todo tipo

de exámenes, incluso psiquiátricos. A tal punto se recobra
que los médicos suscriben el esperanzador diagnóstico de
su restablecimiento y le dan de alta. El gobierno sufraga los
gastos médicos en su totalidad y él acepta agradecido. Con
nuevos bríos que serán oxígeno para sus desguarnecidos
huesos, y convencido de que estarán en sincronía vital su
cuerpo y su alma, está de plácemes: ha conquistado la victoria
de la decencia; su causa.

*No era la primera vez que nos engañaban, pero sí fue la
última que papá dijo: ahora sí, esta Navidad comeremos
hallacas.*

Pero ocurre que el papel donde se hace constar el anuncio
no llega en sobre alguno ni mientras está internado en la
clínica, durante la semana que va del 4 al 11 de diciembre, ni
cuando sale. En realidad no hay rastros de ese documento
fundamental, urgente, básico que recoge el dictamen de
Loyo de que las cartas agrarias otorgadas en su contra fueron
abolidas. Elena de Brito ha buscado con afán las escrituras
que prueban lo anunciado para fotocopiarlas y notariarlas
porque quieren regresar al fundo, documento en ristre. Pero
nadie le sabe decir en qué archivo reposan, nadie ha visto el
papel en realidad y es por una razón: tal revocatoria nunca
ocurrió, tal título no existe. Loyo dirá después, retractándose,
que

*el anuncio fue hecho como medida humanitaria, para que el
terco huelguista se levantara de esa camilla y recuperara su
salud.*

¿Cómo que no se han revocado las cartas? ¿Por qué lo
anunció entonces? Balde de agua helada, así entenderá
Brito lo que pasó: que un funcionario con autoridad se ha
permitido el desliz de una invención piadosa para mitigar su
intranquilidad mientras torpedeaba la suya. Que un hombre
con poder, antes que resolver un añoso cabo suelto devenido

delta de infinitas penurias, prefirió ofrecerles como respuesta una mentirijilla, cual si de niños (pobres niños) se tratara. Este nuevo desaliento resonará como un martillazo en su cerebro. Declaración que lo aturde, embuste que lo descorazona, será el pase directo a su próxima huelga de hambre, acaso el primer paso al despeñadero. No, no es exagerado decir que la torpeza que con razón Brito toma como burla, sella su destino.

Otra vez vuelve Brito a padecer. Más desconcertado que nunca vuelve a plantarse frente a la OEA el mismo 11 de diciembre de 2009. Prácticamente de la cama del hospital sale a la camilla de la carpa para seguir en lo suyo: una protesta pacífica que busca la anulación de las cartas agrarias. No pasará mucho tiempo, sin embargo. Un día y el otro con sus noches son los que alcanzará a estar con su esposa a las puertas del organismo internacional. Imaginando que por vergüenza, y porque ya fueron colocadas sobre la mesa todas las cartas —menos las agrarias apocalípticas—, Loyo tendrá que responder por lo dicho, Brito será sorprendido con un lance impensable. Efectivos de la Policía Metropolitana, otra vez embutidos de negro, aparecen de la nada a la hora 48, lo levantan en vilo y sin darle oportunidad ni a reaccionar, se lo llevan no sé sabe a dónde.

El gobierno ha querido hacer creer que yo no estoy bien psíquicamente, pero la medicatura forense de la policía científica, como se le dice acá en Venezuela, me hizo unos exámenes psicológicos, incluso aparecen en el expediente, en los que se establece que yo estoy bien psíquica y psicológicamente. Se me han hecho en total ¡nueve evaluaciones! y de las nueve hay ocho que establecen eso, que yo estoy normal, entre ellas la que suscribe la Cruz Roja Internacional, y solamente una en la que se supone que yo tendría obsesiones y rasgos paranoides... Se trata de una evaluación que, para empezar, se hizo de manera ilegal; la suscribe el propio director del Hospital Psiquiátrico de Caracas, el doctor Ángel Riera, que ni siquiera se juramentó ante el tribunal para hacerla.

Lo cierto es que Ángel Riera —ángel que devendrá espanto para que Brito nunca más se riera—, quien en su cuenta de Twitter se presenta como médico psiquiatra revolucionario —la típica pipa de este colega de Jorge Rodríguez y de Edmundo Chirinos podría ser o no ser de la paz, atención interesados en acudir a su consulta—, hace una evaluación al singular paciente tan paciente,

el famoso hombre de las huelgas de hambre,

cuyos resultados distintos al resto de las demás evaluaciones —ocho— a las que se ha sometido el huelguista en los últimos días traen cola. Brito, según Riera, sería un obsesivo con rasgos paranoides. Brito no está sano mentalmente, diagnostica.

Cualquiera puede imaginar que al cabo de siete años de lucha y cinco de huelgas de hambre, luego de escuchar promesas fallidas y de suscribir reiterados acuerdos que

llegan a lo mismo —donde no es—, y después de recibir
amenazas telefónicas y con escopeta, porrazos de la policía,
el puñetazo del vecino, golpes en su cabeza que la chocan
contra un carro y pasar por el trauma de un secuestro *express*
—y todavía faltan maltratos por enumerar—, a cualquiera
le resultaría fácil inferir, aun sin haber usado jamás bata
blanca, que el caballero destinatario de tales martirios
podría estar, a estas alturas de las circunstancias, además
de batiéndose contra la decepción y las ganas eventuales
de tirar la toalla, harto, cansado, triste, aturdido, receloso,
incómodo y probablemente molesto con las autoridades que
siempre le muestran las mismas cartas, y no las que pide,
aquellas agrarias por anular, solicitud meollo de su odisea,
cuya ejecutoria no le quita el pan a nadie, y con la cual se haría
justicia. Lo repite siempre, es cierto. Pero no es intransigencia,
compulsión, ofuscación o delirio: es su causa.

De eso, del trance vivido, acaso debió hablarle Brito al
psiquiatra, que usualmente a un consultorio médico de esta
especialidad es a lo que se va, a ventilar las heridas, ¿no?
Pero Riera colegirá que el paciente reiteradamente ultrajado
le tiene al gobierno una ojeriza que no es *normal* y verá su
descarga emocionada —si es que lo fue: Brito era un gran
conversador pero hablaba de manera pausada y coherente,
no amontonada y febril— no como una consecuencia de
sus experiencias ¡sino como un síntoma! Ciudadano de este
domicilio, si es que su devoción política no interfiere en su
desempeño profesional, habrá que concluir entonces que el
galeno vive en una torre de marfil.

Porque si Brito en particular, cuya biografía rezuma su tesón y
espejea la bajeza ajena, las ha pasado negras, estos veinte años
también han sido feroces y frustrantes para la abrumadora
mayoría de los venezolanos. ¿Quién bajo esta pertinaz nube
negra está en paz con los promotores del mal tiempo? En
2010, todavía sin colas, con efectivo en las billeteras y la

hiperinflación por venir, a modo de desgarradora confesión
desde el diván de su consultorio, cualquiera habría podido
soltarle al doctor, los zapatos fuera, algo de humedad en los
ojos, y acaso con menos benignidad que Brito, un enojoso y
lastimero ya no puedo más. Que la inseguridad, las cadenas
machaconas, la mandonería y la guapetonería, el despilfarro
y la no rendición de cuentas, el desdén por los canales
regulares y la patada propinada a la institucionalidad, el
sectarismo y la exclusión, la improvisación y la corrupción,
el verbo soez convertido en pan nuestro y la posverdad, el
desconocimiento del Estado de derecho y la impunidad, las
vallas impertinentes del culto a la personalidad en cada farola
sin luz y demás falencias, deben ser la razón más probable,
ay doc, de esta acidez insoportable en la boca del estómago,
del insomnio, de la somnolencia, del cansancio, del dolor de
espalda, de las taquicardias, de la migraña, de la disfunción
sexual, del estreñimiento, del pitico del oído, de la alopecia,
de la nueva alergia, de la opresión en el pecho, del inusual
llantén, de, de, de (padecimientos que se intensificarán con
la cada vez más agudizada falta de medicamentos, cuadro
de somatización que se complicará cada vez más para los
pacientes con diagnósticos de mayor calado).

Pero el psiquiatra parece que lo que ve como normal es el
retintín burlón del verbo hemorrágico, y da la impresión de
que no encuentra como sintomática la camorra y la violencia,
elementos inherentes al discurso, la gestualidad y el proceder
oficial. El problema es de Brito. Cabe entonces preguntar:
la mirada al parecer selectiva y parcial de un médico que no
asocia las distintas variables ni parece capaz de observar la
circunstancia con amplitud, mirar el anverso y el reverso
de la mano, ¿puede dar orientación al paciente extraviado?
¿No tendría que estar al tanto de que la crítica a los yerros
y fracasos del modelo es una cantinela no esporádica, no
de dos ni tres cogidos a lazo, sino de todo el mundo en

confesionarios, en cada esquina, en la cama? ¿Tendrá en su despacho o tuvo en su consulta el letrerito tan revelador —tan proyección y tan sombra junguiana— que pretende marcar territorio o mandar a callar, o ambas cosas, que reza: aquí no se habla mal de Chávez?

Lo cierto es que aunque la Cruz Roja certifica que Franklin Brito goza de salud mental, y el psiquiatra Luis Zambrano que lo evaluó en el Hospital de Clínicas Caracas suscribe lo mismo, que

Brito no presenta síntomas en la esfera psiquiátrica y que no hay evidencias de ninguna perturbación mental en él

—por solo mencionar dos evaluaciones de las ocho descartadas—, el gobierno toma como válida precisamente la única que difiere del resto en el diagnóstico, es decir, la del cofrade doctor Riera.

La idea que tiene el régimen —es la conclusión a la que llegan la familia, la platea y el mismo Brito— es la de hostigar al que se les ha convertido en incómodo espejo de la realidad, en una enorme molestia cuyo radio de influencia avanza desde alguna plaza de la ciudad hasta predios políticos. Por lo tanto, si lo que de veras quieren es deshacerse del huelguista, en el sentido, claro está, de reducirle volumen a su clamor a pocos meses de las elecciones parlamentarias —fechadas para el 26 de septiembre de 2010—, no sea que su arenga tenga eco, este diagnóstico que lo neutraliza les será útil. Así que sin pizca de ganas de rectificar, todo lo contrario, el gobierno, que garrote en mano no entiende por qué acapara tanta malquerencia entre sus súbditos, observando desde la barrera al toro herido, aguijoneado, mareado con trapos rojos, opta por usar las deducciones clínicas del médico aliado para los fines consiguientes.

De manera que de huelguista y voz que resuena como estribillo pertinaz en los oídos de los jerarcas del poder, de presencia embarazosa e inconveniencia pública, Brito pasará a ser un alucinado. Si el hombre que se sostiene con una voluntad inquebrantable en la palestra, contra viento y marea, terqueando, no está en sus cabales, ¿para qué oírlo? Lo que sí tiene sentido es volverlo invisible, ocultarlo como el polvo bajo la alfombra. Porque además, tanto clamor por justicia tiene que ser sospechoso, ¿quién insiste tanto en eso? Es entonces cuando Brito, convertido en un

inhabilitado desde el punto de vista médico, por la disminución de sus capacidades,

es removido literalmente en principio de la escena.

Por lo que no fue para salvarlo que lo obligan a interrumpir su protesta, no lo creo. En un momento imaginamos que lo habían hecho así, a la fuerza y repentinamente, para que no lo viera José Miguel Insulza, el secretario general de la Organización de Estados Americanos, de quien se decía entonces que iba a venir al país. Pensamos que a lo mejor el gobierno temía que el líder de la OEA se llevara una mala impresión de Venezuela con la carpa de papá instalada frente a la sede de las oficinas venezolanas del organismo internacional, porque su sola presencia era una interpelación. Suponíamos que los incomodaba la idea de que tal vez Insulza iba a reparar en él y hablarle. Papá había escrito a la Comisión de Derechos Humanos un par de comunicaciones pidiendo colaboración,

dice Ángela Brito.

Luego nos quedaría claro que era incómodo en general, en otro nivel.

Obligado pues a interrumpir su protesta con el argumento de sus supuestos desvaríos, quien acaba de ser dado de alta de la clínica, Brito, es ahora aquel cuya cabeza caliente se fundió. Luisa Ortega Díaz, la entonces fiscal general de la República —luego tránsfuga del oficialismo—, justifica así la

decisión de que Franklin Brito fuera trasladado a donde no le
dicen a nadie:

*«Exámenes médicos psiquiátricos y psicológicos determinan
que Brito sufre de trastorno de ideas delirantes y paranoides*

—y aquí el eco de la voz de Riera—,

*lo que significa que tiene una disminución de sus
capacidades, y que está inhabilitado para tomar decisiones».*

Así el gobierno, que todavía habla a través de ella, de Ortega,
asume la responsabilidad por la vida del huelguista.

El 4 de marzo de 2010, cuatro meses después de que Franklin
Brito ingresara de manera aparatosa a donde lo llevan por la
fuerza —lo llevan de la OEA al Hospital Militar—, el director
de la institución, el coronel Earle Siso García, le escribirá
al juez Lenín Hernández Duarte —el mismo que ordenara,
siguiendo instrucciones de la Fiscalía, el traslado de Brito a
ese centro médico— que daban de alta al paciente y que ya
se ha cumplido el amparo. A lo que el abogado Hernández
responderá desde el balcón de su jerarquía:

*Corresponde a este despacho dictaminar si efectivamente se
ha cumplido con las condiciones y finalidades del amparo,*

cortándolo en seco.

*Ese juez se hará eco de las palabras del psiquiatra Ángel
Riera acerca de que la desconfianza en el gobierno que tiene
papá no es normal. ¿Lo dice como abogado o se presume
colega de Riera?,*

se pregunta Ángela Brito.

Prolongada su estada en este hospital, Brito persistiría en sus
denuncias y temerá recibir medicación en ese centro de salud
que obedece líneas de un gobierno que en varias ocasiones lo
ha tildado de orate.

Lo tenían sedado,

*y entonces encontré en la papelera junto a su cama un
frasquito de Aloperidol, un fármaco que se asigna a
los pacientes de esquizofrenia. Nosotros le exigimos al
director de la terapia intensiva que nos explicara por qué
le estaban inoculando una droga a Franklin, que siempre
estuvo consciente.*

Por eso las distintas escuelas de psicología del país, institutos
de investigación, asociaciones científicas y gremiales, médicos
de la especialidad, hacen coro en una explícita y pública
demanda: que Franklin Brito fuese atendido conforme a
los principios internacionales en salud mental y derechos
humanos; también la petición, más que gremialista humanista,
exhorta a las autoridades y al personal asistencial involucrado
en la atención de Franklin Brito a que emitan una aclaratoria
inmediata sobre las condiciones bajo las cuales permanecía
retenido en ese hospital, pero no reciben respuesta.

Por cierto, hablando de exámenes médicos, también en las
evaluaciones psíquicas practicadas en este hospital consta ¡que
Franklin Brito está en buenas condiciones en sus facultades
mentales!, y en virtud de eso los propios médicos de allí se
abstendrán de tratarlo en contra de su voluntad. Exámenes
que, vale decir, nunca fueron entregados a Franklin Brito ni a
su familia. ¿Con qué derecho pueden las autoridades a cargo
de una institución de salud reservarse una información tan
valiosa sobre un paciente? ¿Una que contradice la del psiquiatra
revolucionario? ¡Este barullo coloca a Brito en medio de las
contradicciones políticas de los que despotrican de

palabra, voz, adjetivo descalificador que comenzará a ser
un manto o camisa de fuerza con la cual arropar a los que no
están conmigo, o sea, están contra mí.

Brito, un ser humano único, de proceder sin parangón, no es, sin embargo, un caso aislado para los que están engolosinados con el coroto; habría más, muchos más paisanos, pero siempre opositores —sería condición vinculante—,

con mente frágil: los cabezas huecas

portadores de una anomalía inédita: no se padece al chavismo sino de antichavismo. El excopeyano y luego chavista de uña en el rabo Roy Chaderton, que no es médico ni a palos, participa en este capítulo perturbador con una frase perversa cuando dice que se detecta cómo es por dentro la sesera de un escuálido derechista, cómo es su espesor o condición, *hueca,* en el momento mismo en que una bala la atraviesa y no pasa nada. Diagnósticos y sentencias de tal calibre podrán convertirse en útil instrumento para cavar —no acabar— la polarización que reduce los pensamientos al blanco y negro; nosotros no, ustedes son los chiflados. Ustedes son los que tienen mal sus cabezas; en los albores del movimiento ya quisimos freír las de los adecos en aceite hirviendo.

Descartada la democracia y con ella la convivencia, serán estigmatizados aquellos otros considerados de mentalidad *frágil,* esa que no entiende que no es no, esa tenaz que ha osado tener algunas victorias pírricas y de mierda, que tendrá que ser también tratada, o mal tratada. Frágil, vale decir, será aquel cerebro que se niegue a ser subyugado por los tentadores regalos del socialismo. Así parece creerlo el gobierno, y algunos observadores hallan indicios que confirman que se trata de un plan, amén de un prejuicio o un exorbitado punto de mira. En tiempos en que la salud, como servicio y responsabilidad del Estado, está por el suelo, el gobierno empieza a ver desórdenes y desarreglos fuera de la trinchera a cargo. Allá está la falla, allá los abundantes males. Del lado de los que piensan distinto. Y nada más inconcebible, nada más inaceptable políticamente. Una enfermedad.

La primera referencia puede rastrearse en las graves declaraciones emitidas en 2004 por el para entonces ministro de Salud, Roger Capella, quien al referirse al proceso de recolección de firmas para convocar un referendo contra el presidente de la república por parte de los empleados del Ministerio de Salud, una acción legítima contenida en la Constitución, afirma que «quienes hayan firmado contra el presidente Chávez serán despedidos porque se trata de un acto de terrorismo»,

tal y como aparece en la prensa y recoge la tesis *De la disociación psicótica al caso Franklin Brito*. Una aproximación a la noción de salud mental en el discurso político gubernamental venezolano. Es decir, la democracia lo es y quienes dentro de ella quieren decidir, organizar elecciones y participar, serían terroristas, vaya inusitada confesión y confusión. ¿Qué diría de esto el CNE?

Como para que conste en acta, Jairo Larotta Sánchez pone la guinda cuando escribe el 16 de julio de 2004 que los *disociados psicóticos* (enfermos de esta patología)

justifican la salida de Chávez por cualquier vía, la democrática o la violenta, de hecho la segunda opción la intentaron infructuosamente. La primera, o sea la vía democrática, está prevista en la Constitución que nunca leyeron e intentan concretarla con el referendo revocatorio,

acusa más que diagnosticar mientras asume como vocablo al uso el nuevo término ¿médico? que se vuelve viral. La apuntala, la dudosa conceptualización, el funcionario público Erick Rodríguez Miérez, que no es psiquiatra ni psicólogo, pero va de punta de lanza con la etiqueta de

*disociación psicótica, [la que] resulta posible describir
como «una conducta perturbada caracterizada,
esencialmente, por oponerse al gobierno del presidente
Hugo Chávez».*

¿Cómo puede ser una enfermedad el disentir del que trae
a lazo como estilo la ruptura, las fluctuaciones anímicas, la
inmadurez, la pataleta, el narcisismo, la urgencia de atención,
la anarquía, el afán por el control, el odio —*están conmigo o
están contra mí, son unos lacayos del imperio, sus cachorros,
¡si no les gusta que se vayan!, espero que el Banco Central me
dé un millardito, me quedaré hasta el 2030, les echaremos
gas del bueno, te voy a dar lo tuyo, el candidato opositor es
un mariconzón*—, y colecciona rencores y facturas? ¿Cómo
podrá ser considerado un achaque recelar de un líder que
en televisión repite el gesto: el puño cerrado de su izquierda
golpea la mano abierta derecha? ¿Que se señala a sí mismo
con el índice cuando dice «el Estado soy yo»? ¿Cómo llamar
insensatez el desconfiar de un gobierno que no rinde cuentas,
se salta las formas, desconoce pactos, propone la anarquía,
destruye y arremete en vez de convocar, y manda a callar en
vez de oír? Pues lo es para los autócratas que ya manejarían
la teoría acerca de cómo se transmite el intolerable
padecimiento.

Según Rodríguez Miérez serían los medios de comunicación
social privados los agentes inoculadores,

*tesis con la que habría conseguido revolver un complejo
problema teórico y metodológico que ha mantenido
ocupados a investigadores de la comunicación y de las
ciencias sociales durante años: el efecto directo de los
contenidos televisivos sobre la audiencia,*

como consigna el estudio citado. Y gracias a la invención
de esa extraña psicopatología de pronto resulta posible la
aparición dentro del contexto político de una nueva estrategia

de confrontación y deslegitimación del oponente que la sufre:
se rotulará de *disociado* a ese que es capaz de proponer algo
constitucional pero tan descabellado como un referendo.
Valga relacionar este concepto con otra frase de Andrés
Izarra, quien en 2007 propone dar

*una batalla por el corazón y la mente de la gente, con el
fin de lograr la hegemonía comunicacional e informativa
del Estado:*

viene al pelo.

El delirio es grande, pero depende de quién delire. El delirio
del Chimborazo es excepción arquetipal, fundacional, de
la identidad, pero cuídense los chimbos rasos, porque el
oficialismo podría estar buscando, más que pescar en río
revuelto, lanzar arpones (o hampones). Se trata al final, como
verán los analistas, de una estrategia de polarización que
presupone desgaste, deshumanización, guerra.

Asombra, por decir lo menos, que siendo sábado, el 12 de diciembre de 2009 haya tal movimiento en tribunales, tanta voluntad de actuar, tanta diligencia. Lo cierto es que el juez 23º de control, el abogado Lenín Fernández, apura un dictamen, el que decreta que Franklin Brito debe ser desalojado, sacado, movido de las adyacencias de la OEA; el huelguista está en su momento de mayor notoriedad mediática. Ejemplo práctico de que no hay separación de poderes sino mescolanza, no independencia de criterios sino líneas, la cadena de producción que comienza con la idea en bruto y termina en una ejecución empacada al vacío convoca a las instituciones públicas vinculables en la cofradía laboral que trabaja sin pausa en la orden de aprehensión, el amparo que blinda la controversial ejecutoria que se cocina.

Asombrará el procedimiento —lo extraen como si fuera un virus que urge capturar con pinzas—, así como dejará estupefactos a todos el despliegue de recursos que consume el montaje: que tantos organismos se alineen en cosa de horas; que tengan que venir decenas en tropel para tomarlo. Luce ingrávido y pesa tanto. Procedimiento contrarreloj, participan haciendo equipo un doctor revolucionario, los tribunales, la Fiscalía, la policía. Al día siguiente, tan veloz como sí pueden organizar un plan, será su cumplimiento.

La escena es de película. Efectivos de la Policía Metropolitana, un contingente de treinta hombres de negro, el color del mal presagio, fortachones como escaparates, interpretan la coreografía con sincronía, mismos gestos, mismo talante, la intimidación, la demostración de fuerza, el poder. En sincronía, las puertas de las camionetas se abren intimidantes como las alas de un águila, los ejecutantes y sus armas toman la acera, llevan prisa. «Nos vamos». «¿A dónde?». «Nos vamos». Y tras interrumpirle a Franklin Brito su mal dormir, lo someten y lo sedan. Todo ocurre en cosa de minutos.

Lo alzan como si fuera un porrón, no hay dignidad en la comisión,

dice Elena de Brito. Se van. Elena de Brito intenta detenerlos en vano, jala a los grandulones, corre tras ellos.

¿Pero qué es lo que pasa? ¿Qué hacen? ¿A dóoonde lo lleeevan?

No contestan. Cargan a las volandas con su marido en un procedimiento de escasos minutos. Lo raptan. Lo ciñen como si les perteneciera. Son casi las nueve de la noche del domingo 13 de diciembre de 2009.

La palabra que se usará será *secuestrado*, así se le considera, luego que es llevado en una operación comando desde Las Mercedes contra su voluntad a quién sabe dónde; es una incógnita aún. Ninguna información le suministran, por lo que Elena de Brito, ay Guillermina, no tiene idea de si a su marido lo han apresado, o qué: con razones espurias todo es posible; lo que nunca imagina es que lo hayan llevado a un hospital porque escasas 48 horas antes le han dado de alta en el Hospital de Clínicas Caracas. Solo sabe que se lo han llevado a juro cuando apenas acababa de reanudar o porque acababa de reanudar en el mismo sitio la protesta pacífica porque, ay, ¿este hombre no se cansa? Y es eso lo que se quiere. Que acate. Que se olvide. Que se rinda. Que despeje la zona, la visual, el paisaje de la revolución bonita.

Elena de Brito se pone en contacto con Alfredo Romero, director ejecutivo del Foro Penal Venezolano, que asume la búsqueda con apoyo del comprometido equipo de abogados que hace tanto, que hace milagros.

Desesperante. No se sabía nada de Franklin, fueron horas terribles, los policías solo dijeron que habían venido a cumplir órdenes. Esas horas siguientes no hicimos más que buscarlo por cielo y tierra. No dejaré de agradecerle a Alfredo Romero su empeño, su consuelo, su devoción, así como al Foro Penal,

que gracias a los contactos que tienen en instituciones públicas y en medio país, luego de comunicarse con hospitales, cárceles, estaciones de policía, pudieron, por fin, dar con él.

Una odisea que no terminó allí, después que supimos que estaba internado en el Hospital Militar intenté verlo y no pude, solo fue posible al cabo de seis días.

También coopera Amnistía Internacional con una intervención puntual: emite una Acción Mundial por Brito urgiendo a las autoridades a revelar su paradero.

La que se arma. La circunstancia, en efecto, provoca reacciones inmediatas dentro y fuera del país. Voces locales e internacionales se alzan cuestionando el procedimiento. Luisa Ortega Díaz —no está todavía hasta la coronilla la fiscal que luego tomará las de Villadiego y terminará exiliada en Bogotá— dirá que no comprende el dictamen de la Corte Interamericana de Derechos Humanos cuando manifiesta que debería permitírsele a Franklin Brito ser auscultado por un médico de confianza que evaluase su condición, y reitera por VTV, el 14 de enero de 2010, que

¿cómo podría pedírsele su opinión, su opinión y cualquier cosa, a alguien que no puede tomar decisiones?

En respuesta a Ortega, la coalición venezolana de defensa y promoción de derechos humanos Foro por la Vida y Sinergia convoca a una rueda de prensa en la que deploran las declaraciones de *aparente* lógica de la fiscal, porque estas descalificaban nada más y nada menos que al sistema

internacional de protección de derechos humanos. Se suma el
director de Espacio Público, Carlos Correa, quien señala, en
igual sentido, que

*con las declaraciones de la fiscal general se ratifica un
debilitamiento de las garantías establecidas en nuestra
propia Constitución en relación con el sistema de derechos
humanos, además de que eso implica reducir la protección
de todas las personas, en este caso, la de Franklin Brito.*

Mientras, el mismo Franklin Brito se hace oír y dice que

*no quiero que se me medique, señores, asumo el riesgo de
mi propia vida apelando al artículo 44 de la Constitución: la
libertad personal es inviolable, en consecuencia ninguna
persona puede ser arrestada así, cargada así, manejada
de tal manera como si fuera un animal salvaje, este
reconocimiento de mi albedrío y de mi autonomía también
está consignado en la Convención de Malta,*

y reitera que se niega a recibir asistencia de los médicos
militares, en los que no confía. Por su parte, la Organización
Mundial de la Salud dice que

*el ingreso involuntario debería ser la excepción, y debería
producirse solo en circunstancias muy específicas; y en
estos casos debería contemplar el derecho a reclamar
ante un órgano de apelación competente y acceder a los
mecanismos que lo faciliten.*

Los términos *libertad vulnerada, autonomía,* voluntad,
los preceptos que han sido quebrantados, flotan como
globos cargados de helio por encima de la barahúnda. Están
por encima y acaso vuelvan chillonas las voces que los
defenestran.

Mecha prendida, la atiza la defensora del Pueblo de entonces,
Gabriela Ramírez —también ahora en retirada—, cuando
declara, en línea con la fiscal, que no se podía permitir que

una persona que no estuviese en las más óptimas facultades
mentales pudiera iniciar una huelga de hambre. Que por
este motivo sugirió el Poder Moral la intervención de las
autoridades para preservar el derecho a la vida de Brito,

*pero una vez que se estabilice, después, se volverá a
dialogar con él,*

admite otorgándole gentileza a aquella medida extrema. Lo
que quiere decir es que el móvil es la salud.

*Pero si de verdad hubiera estado grave, como dicen, papá
no hubiera durado vivo los veintisiete días que estuvo en el
Hospital Militar sin ser atendido tras su brutal ingreso. Lo
recluyen allí no porque quieren ayudarlo, insisto; de ser así
lo habrían hecho, sabían cómo, creo que lo que querían era
acallar sus reclamos,*

desliza Ángela Brito, tras rechazar las declaraciones de la
funcionaria bajo la premisa de que

*sus justificaciones son una cortina de humo para desviar la
atención sobre las denuncias de corrupción hechas por mi padre.*

Ángela Brito revelará, igualmente, que su padre se encuentra
aislado y *secuestrado* dentro de las instalaciones del Hospital
Militar, y es cuando declara que le han negado el acceso al
informe psiquiátrico que elaboró la institución cuando se
produjo su ingreso.

*Brito no ha cometido delito, por lo tanto es irregular que
esté recluido en virtud de un amparo dictado por un juez
penal y que haya sido llevado a la fuerza por militares
a terapia intensiva. Si él no se quiere tratar hay que
respetarlo, porque en Venezuela existe el derecho a la
protesta y a la huelga de hambre,*

declara por su parte en la concurrencia de voces Adriana
Vigilanza, abogada que se consustancia con la causa.

Por su parte, Carlos Escarrá, el futuro procurador, buscando
poner orden en la secuencia azarosa de mensajes críticos,
rebatirlos y acaso disminuir en lo posible sus efectos, declara
en televisión que desde la Dirección de Protección de los
Derechos Humanos de la Fiscalía se interpuso un recurso de
amparo en diciembre para proteger la vida

*del señor Franklin Brito, una responsabilidad que compete
a un Estado que se precie de tal,*

y que luego que un tribunal acuerda el amparo, en
cumplimiento con tal dictamen, se realiza su traslado al
Hospital Militar, es decir, que todo es legal y apropiado.

*Lo que se ha hecho es aplicar el artículo 43 de la
Constitución; el Estado debe proteger la vida de los
ciudadanos,*

explica.

*De tal manera que él no está raptado, como mal dicen
algunos; está a buen resguardo, hospitalizado, por orden
de un juez.*

Pero no es sino hasta luego de casi un mes cuando le asignan
una habitación, si es que aquel espacio con tobos y coletos
arrumados en una esquina puede llamarse así; encima la
temperatura es de ocho grados, helada, y él apenas está
cubierto por una sábana. Añádase que a pata de mingo
truenan las máquinas del aire acondicionado: hacen un ruido
ensordecedor,

*estoy segura de que para que pueda dormir a papá le están
suministrando algo,*

dice entonces Ángela Brito. Por si fuera poco, qué dolor, está
el huelguista de hambre ¡justo al lado de la cocina! ¡Todos los
olores a comida se cuelan!

Pero es que eran tan crueles que, como saben que papá

*amaba el chocolate, pero persiste en que le respeten su
derecho a hacer huelga de hambre, los guardias entraban al
cuarto quitándole muy despacio la cubierta a los bombones
que iban a comerse allí, de manera que oyera el crujido del
papel, después se relamían diciendo que estaba exquisito...
Sí, exacto, una forma de tortura...*

El *hábeas corpus* que se interpone contra ese internamiento
será rechazado por la Corte de Apelaciones de Caracas, por
lo que las condiciones siguen; sin embargo un cambio sí se
produce el 9 de enero: el personal del hospital hace saber
a Ángela Brito que su padre será llevado ahora a la unidad
de cuidados intensivos. Lo sedan antes de trasladarlo
y después, durante los días siguientes, la inopia. No les
permiten visitarlo, no tienen idea de qué le ha pasado, de qué
ocurre, de a qué lo someten. Dos días después, la Comisión
Interamericana de Derechos Humanos se comunica con el
gobierno venezolano para mediar en la triste circunstancia
y abogar para que permitan a Brito recibir visitas, así como
que tenga, caramba, derecho al tratamiento que prefiere
le imponga su propio médico, u algún doctor del Comité
Internacional de la Cruz Roja, en los que Brito confía. El
gobierno no concedió esta petición, como tampoco la similar
suscrita por el Colegio de Psicólogos de Caracas y médicos del
gremio. Y súmese la de Amnistía Internacional, que volverá
a pronunciarse en el caso, esta vez a favor de que a Brito se le
asegure su bienestar, así como se le respete su deseo de ser
atendido por un médico elegido por él mismo.

El jaleo no rescata a Brito, pero la opinión pública pudo
enterarse, o al menos hacerse una idea de lo que vivió, con
las tantas versiones, incluso las antagónicas, borboteando
en el hervidero de la palestra pública. Mal presagio, dirán
los analistas, que la Fiscalía y la Defensoría del Pueblo
se comporten como apéndices del Poder Ejecutivo y que
su capacidad de acción y reacción esté absolutamente

supeditada a la voluntad del líder apodado intergaláctico.
Malas noticias para el ciudadano común que tiene razones
para considerarse indefenso, tal y como dice Ángela Brito:
estamos a merced de quienes deben protegernos. Terrible
si el Poder Supremo cataloga a la gente y consiente que sus
partidarios tengan como tarea odiar o despreciar, y divida a
la población entre disociados y sanos. Brito es un espécimen
representativo de la confabulación, de la reacción, y su
aprehensión implica el despliegue codo con codo de los que
parecen abuchearlo. Una puesta en escena para que vean
como ejemplo qué se hace con los testarudos que no usan sus
rodillas.

Carlos Escarrá se la dedica. Dirá que

*el señor está en una habitación privada y lo están hasta
repotenciando, le están arreglando la dentadura, y
come normal, feliz y contento. Ahora, cuando se acerca
Globovisión, el señor se tira así: aaahhhh, y se pone en
huelga de hambre ¿me explico?,*

pone caras.

*Está en una habitación privada, repito, y con todas las
comodidades, donde incluso cuando vienen sus familiares
desde el estado Bolívar duermen con él, porque es la
habitación de él, no la comparte con más nadie, es decir,
está en una situación de privilegio.*

(¿No era que lo cuidaban porque es un deber? ¿La salud es
privilegio? ¿El bienestar? ¿Alguien sedado y violentado está
feliz? ¿Llamó para felicitar a Escarrá por aquella parodia el
ministro de la Felicidad?).

Elena de Brito inicia una huelga de hambre, su solidaridad llega a tales extremos de compromiso; dice que más que suplantar al marido hace lo que le corresponde porque es suya la misma causa. Participa en la marcha del 23 de enero de 2010, llega en silla de ruedas, ha rebajado casi veinte kilogramos, está debilitada por el ayuno, toma el testigo. Pero no será por mucho tiempo.

Luego que se lo llevan al Hospital Militar, yo asumo la huelga en la OEA, hasta que me amenazan con llevarme a un manicomio, la Unidad de Evaluaciones Estratégicas amenaza con que además se llevarán a nuestros niños.

La noticia se las da un funcionario que se les acerca al campamento de Las Mercedes que se apersona para decirle que debe resolver cuanto antes qué hacer con la prole, porque para las instituciones de cuido al menor aquello era abandono en flagrancia y le quitarán la custodia de sus hijos. Decidirá entonces por ellos, por supuesto. Todos se reincorporarán a la escolaridad y es cuando

voy a la iglesia Don Bosco y permanezco allí, a buen resguardo; es algo inédito protestar en una iglesia; hasta que desisto y las monjas de nuevo son refugio, y nuestro hogar se reconstituye bajo el amparo de la congregación de religiosas que nos han ayudado desde la plaza Miranda; ahora nos dan techo y cuido, y mis hijos se convierten en los únicos varones que estudian en el colegio La Consolación,

y consuelo es lo que justamente consiguen en tanto desamparo.

Elena de Brito abandona definitivamente la huelga,

le dice el marido. También maestra en el arte de defender las convicciones, le toca un nuevo rol en el drama: seguirá siendo soporte, y como Ángela, vocero de la causa. Hay gente que asume su destino, aun si fatal, no apenas con resignación y pesar sino con gallardía, no con conformismo sino con la templanza de quien consiente que tales son las circunstancias, espinas por entre las que, por ahora, hay que pasar. Hay gente que no huye, aunque esa opción parezca la más sensata. ¿Con qué bríos se planta alguien frente al agresor con la convicción como única armadura?

Elena de Brito va con los gemelos al convento y Ángela Brito al Hospital Militar. Dejará Bolívar sabiendo que, a quince minutos de distancia, el fundo sigue destruyéndose, así como la casa, para comprometerse hasta lo hondo con el caso. Dominará toda la terminología legal necesaria, conocerá a fondo de leyes y sentencias, y aprenderá todos los nombres de quienes fueron o son presidentes del INTI y ministros de Agricultura y Tierra y de todos los que tienen que ver con el caso, y pueden apoyar o poner trabas, los protagonistas de cuidado.

Nosotros tuvimos que memorizar cuanta ley existe relacionada con el caso, estudiamos en serio los parágrafos y los numerales, para podernos defender nosotros mismos. Nunca hemos tenido abogado, algunos que nos asisten teóricamente, pero siempre llevamos a cabo nuestros pleitos legales solos. Nuestra lucha siempre ha sido así,

dice Elena de Brito. Ángela Brito toma la batuta y se convierte en la voz de su padre y de la causa.

Corajuda y acaso la más parecida en la personalidad a Franklin Brito, sostiene que con su padre, en el dúo que conforman en aquel encierro compartido, tienen largas conversaciones en las que siempre desmenuzan las circunstancias con escalpelo y repasan los argumentos como tarea urgente. Pero también entabla charlas inéditas con su amado progenitor

—también intensas discusiones,

confiesa— sobre lo humano y lo divino, él en franca distancia de las doctrinas ideológicas y dogmas piadosos y todo lo que tenga tufillo a corsé, y ella, en cambio, tras la horma que dé plataforma a su alma, tomará posición a favor de aquello que le proporcione soporte, una boya en la zozobra, para estar a la altura de las circunstancias. Se define evangelista. Al padre le parece un tanto excesiva la escogencia, que se evidencia en la extrema sobriedad en el vestir de su hija: los ruedos le boicoteaban las rodillas, esas que temblarían tanto. Pero ¿cómo no buscar una tabla para flotar en el compulsivo oleaje? ¿Cómo mantenerse firme, sin doblegarse, cuando estás sola en el ojo del huracán?

*Sí, mi padre dijo que si se lo llevaban como un animal
salvaje, en contra de su voluntad, al Hospital Militar, él se
iba a quitar todos los artificios quirúrgicos que le pusieron
e iba a evitar que lo hidrataran y lo alimentaran, estaba en
su derecho; pero al final no pudo seguir controlando su
ingesta y el proceso bioquímico que él mismo monitoreaba,
y supimos que, con el alegato sin fundamentos de que «no
estaba en sus cabales», le administraron medicamentos
contra la esquizofrenia que nunca tuvo.*

> Al fin llega la familia. Elena de Brito le confiesa, tras varios
> días sin él, sin saber de él, que no quiere perderlo, y le pide
> que desista; él le asegura que eso no pasará, le dice:
> *no temas.* Le toma la mano y le dice:

tranquila, negrita, no me dejarán morir.

> Contrario a lo que declara Escarrá, el huelguista no
> puede lanzar un gustoso aaahhhh, disminuido como
> está, consciente y lúcido, pero en una situación precaria,
> maltratado y aislado como si tuviera algo contagioso. Luego
> del traslado forzoso, y del encierro al que estuvo sometido sin
> posibilidad de recibir visitas, le permiten ahora, por fin, la
> compañía de los suyos.

La soledad fue lo que más le bajó las defensas,

> deduce Elena de Brito, la sensación en carne propia. Ángela
> será la compañía permanente, la escudera, ángel pues.

> Dormirá a un costado de aquel cuarto improvisado,

*pero que nadie diga, por favor, que aquello era una
habitación privada; era un cubículo, y yo comía allí, es
cierto, pero no porque eran particularmente atentos con la*

*acompañante; comía lo que le correspondía a papá como
paciente, que él ni tocaba por la huelga de hambre. Pero
quizá sea este un detalle insignificante con respecto a todo
lo demás: el trato tan recalcitrante que le dieron a él, se
cebaban con su debilidad, o cuando le roban el carro a mi
mamá, que se quedó sin posibilidad de hacer transporte
escolar; no, el vehículo nunca apareció, y los guardias ni
siquiera hicieron el amago de decir que iban a investigar,
nada, nunca se supo por qué mientras a nosotros no nos
quitaban los ojos de encima, parecía que no vigilaban el
estacionamiento, ay, la verdad es que cada día parecía el
parte de una batalla.*

Protegido dice el gobierno, aislado dice la familia, blindado
dicen los medios de comunicación a los que se les impide
el acceso al Hospital Militar. Los periodistas tendrían
conocimiento de las novedades del caso y alrededores por los
comunicados de prensa que emite la familia; Ángela Brito no
deja de tomar nota y de procurar difundir la saga en cuenta
regresiva real. Se hará eco de la voz de su padre, esa que él
no deja de intentar alzar, aunque sea cada vez más tenue, un
susurro, y posterior silencio. Voz referencial, voz concienzuda,
voz de resistencia, cuando su declive parece indetenible
es entubado en una decisión médica de emergencia y la
garganta, como daño colateral de una operación dudosa,
le queda arruinada irremediablemente. Así fue como calló.

*No sé cómo se las ingenió una vez para que llegaran
los reporteros a donde él estaba y oyeran lo que quería
decir, todavía podía expresarse pero estábamos
ultracustodiados. Fue una especie de improvisada rueda
de prensa; lo cierto es que conseguimos que el caso y la
causa se mantuvieran siempre en el tapete, nosotros nunca
bajamos la guardia. Yo salía cada día a las afueras del
hospital para mantener informados de la salud de mi papá
a los representantes de los medios que solían aproximarse,*

*pero a los que no dejaban rebasar ni la puerta. Al principio
les reenviaba videos desde mi celular, pero después no
pude grabar más, me prohibieron entrar con mi teléfono a
la habitación, me requisaban.*

La audacia de la prensa —desparpajos del oficio— hizo posible, días antes de su deceso, la publicación en *Tal Cual* de aquellas desoladoras imágenes del Brito enclenque, pinchado con intravenosas. Audacia de la prensa y persistencia: en todo momento se hace seguimiento a los intríngulis del atropello, el día a día de este inefable dolor, y de los detalles confusos o penosos de esta historia lamentable. Un tema que orbita sobre la letra de molde y que consume harta tinta será la orden expedida por la Fiscalía, no solo la del rocambolesco traslado sino la que dictamina el aislamiento de Franklin Brito. Y sin duda acapara la atención de los medios la ausencia de garantías y la circunstancia específica

*de la norma derogada con el fin obtener un amparo que
desprotegió al huelguista al extremo de conducirlo hasta
la muerte,*

como dicen sus allegados. Decisión que no habría tomado en cuenta al agraviado del caso y deja en entredicho el debido proceso. Fue motivo de acalorados debates el que para su traslado se invocara la sentencia 77 de la Sala Constitucional del TSJ, la que suplanta a la ahora invalidada. Fue dictada el 10 de febrero de 2009 e indica que el derecho a la vida merece protección absoluta aun en contra del titular. Es una ley vestido, una ley a la medida.

*Aquí me tienen, más que preso, secuestrado, sin haber
cometido yo delito, por protestar con un ayuno.*

Franklin Brito se vería a sí mismo maniatado, asido a una cadena pesada que le resta dignidad, y estará persuadido de que la salud suya no es la principal preocupación del gobierno. Enterado y al tanto de todo, lúcido contra todo mal

pronóstico, sabrá del intercambio de cartas entre el director
del Hospital Militar, el coronel Enrique Siso, y el juez Lenín
Hernández, el productor de aquel traslado dramático de
película de acción. Aquellas cartas reveladoras en las que
Siso le da el parte al juez de que Brito ya fue dado de alta
y Hernández le dice que la decisión la toma es él, saludos
revolucionarios y chao.

*El director del Hospital Militar, el coronel Earle Siso, le
notificó al juzgado que emitió la orden, orden por la cual
yo estoy recluido acá en contra de mi voluntad, que yo ya
estaba de alta médica, porque mi condición de peso y mi
condición de salud ya se habían restablecido, y sin embargo,
el juez le contestó que me mantuvieran acá, que él no decidía,
imagínense, lo que indica que no es la condición de mi salud
lo que me mantiene en esta camilla, esto es un hecho político.*

Receloso, tiene que producirle temor la mezcla de su
minusvalía y el proceder de los que lo toman por alguien
fuera de sí, como un venezolano peligroso, por lo que pide
ser atendido por médicos de la Cruz Roja; hasta le escribe
al venezolano Mario Villarroel, quien fuera presidente
de la Cruz Roja Internacional.

*Mi papá quería que llegaran médicos de la Cruz Roja
al Hospital Militar para atenderlo... Un doctor que él
conociera, él no confiaba en estos médicos que recibían
órdenes políticas... Quizá tenía razón. Se fue deteriorando
su salud de manera ostensible a lo largo de los 260 días que
permanece recluido, preso. No le prestaron atención, lo
cual no es raro en este caso; pero hay que decir eso en su
favor, que siempre esperó por justicia, siempre creyó que
sería oído, tenía temple y soportó muchísimo.*

Aguante empacado, por si fuera poco, en buenas maneras,

*siempre fue amable, pese al maltrato que recibió nunca fue
agresivo, repito, era un pacifista ciento por ciento. Cuando*

los doctores llegaban les decía igual que a los militares que
lo humillaban: amigos, caramba, eso que hacen es malo...
¡solamente eso! Hasta que entraba en esa especie
de sopor..., de aturdimiento..., casi un desvanecimiento...
Él trataba de mantenerse despabilado pero lo vencía
aquello que le inyectaban, eso que no sabíamos qué era...

> reconstruye Ángela Brito, contra quien, sin contemplaciones,
> la emprenden a empujones.

Sí, yo preguntaba qué le suministraban y los médicos y las
enfermeras no respondían, parece que tenían prohibido
hablarnos; solo una muy gentil nos habló en voz baja para
decirnos que ojalá pudiéramos llevarnos a papá de allí,

> recuerda la angustia que esa revelación les produjo, suerte de
> constatación.

No olvido la imagen, eran como veinte militares los que
venían a inyectarlo, y se le montaban encima, ¡sí, veinte! ¡Y
sin quitarse las botas! Yo me desesperaba y me interponía,
pero ¡me empujaban! La verdad es que hasta llegué a
pensar ¡que lo estaban envenenando! Todavía me pregunto:
¿de esto se trata un hospital militar?

> Tiempo duro, aciago, tiempo detenido y en realidad en cuenta
> regresiva, la historia tiene marcado como un momento clave,
> en rojo, cuando Franklin Brito envía el 27 de diciembre de
> 2009 la enjundiosa carta que recoge circunstancias, hechos,
> retrocesos, sus anhelos, a la Comisión Interamericana de
> Derechos Humanos, con el interés de que el destinatario
> dicte una medida cautelar que le permita salir del centro
> médico: la respuesta llega en enero de 2010. El organismo
> internacional recomienda al gobierno que Brito sea atendido
> por un médico de su confianza o por personal de la Cruz Roja.
> También cuando, en marzo, Franklin Brito retoma su huelga
> de hambre. Y el 28 de mayo cuando radicaliza su protesta al
> someterse a una huelga de sed.

*Aproximadamente a las 9 y 30 de la noche de ayer un
grupo de militares, médicos y enfermeros, me tomaron
con violencia y me sedaron. Cuando me desperté
aproximadamente a las 4 a.m., estaba en terapia intensiva,
y procedí a quitarme todos los aparatos y sondas que me
habían puesto, declarándome en huelga de sed. Me he
negado a recibir tratamiento médico o monitoreo alguno.
Hasta los momentos los médicos han respetado mi decisión.*

En junio, su hija Ángela Brito informa que el estado de salud de su padre es delicado porque tiene varios órganos afectados, particularmente los riñones.

*Después lo mudaron a otra habitación en la torre sur, la
526 del piso 5, donde almacenaban medicinas y material
quirúrgico, guantes, jeringas, suero, de manera que
médicos y enfermeras entraban y salían de día y de
noche, y prendían y apagaban la luz en cada incursión
a los escaparates, ¡o cuando iban al baño, que estaba
adentro!, aun cuando se supone que la asepsia es condición
esencial en toda unidad de terapia intensiva, y tiene que
ser desaconsejable que los retretes estén en las narices del
paciente... ¿no? La verdad es que era incomodísimo intentar
descansar con el entra y sale, el cuchicheo que no paraba y
evidenciaba la falta de respeto por nosotros, y sin duda por
los ojos de los guardias: raro dormir sintiéndose vigilado
cuando menos por tres militares. ¡Tres! Dormías: estaban.
Despertabas: estaban. No nos dejaban ni a sol ni a sombra,
como si resguardaran a un sujeto peligroso. Un preso. Que
es lo que para ellos era mi papá.*

Ahora Ángela Brito anuncia que su padre dejará de tomar suero durante diez días hasta que el primer mandatario se pronuncie sobre su caso, es decir, que deja la solución en manos del Ejecutivo. Como se condolerán algunos, por consiguiente, por carambola, también pone en esa cuerda

floja de la injusticia su salud. El 17 de agosto de 2010, otra
fecha clave del triste calendario, Ángela Brito informa que
su padre se agravaba de forma indetenible, que su masa
corporal no alcanzaba ni 10 %. El 20 de agosto anuncia que
Franklin Brito está inconsciente y respira a través de un tubo
que llega a sus pulmones, por medio de una incisión que le
hacen a un costado. Está muy mal. Dejó la huelga de sed y
recibe hidratación, pero no puede moverse ni hablar. Tiene
deficiencia respiratoria, pulmonía, hipotermia y daños en
órganos como hígado y riñón.

*Te prometo que esto se va a resolver, se comprometió el
ministro. ¿Cómo me dejaron poner así? Me estoy muriendo,*

le dice Brito. Loyo no volvió por allí, y frente a la prensa
oficialista declarará en el tenor acostumbrado sobre el caso
de ficción protagonizado por el hombre exagerado. Según la
familia, fue la sentencia de muerte del productor agropecuario.

*El relato de la estancia en la terapia intensiva, donde Brito
fue arrumado en una especie de depósito de medicinas,
contiguo al baño del personal, helado, ruidoso, es un
testimonio estremecedor que incluye el día en que,
inmediatamente después de la visita de Loyo, Franklin fue
sedado a contravía de su expresa voluntad. Y ya no volvería a
ser el mismo. Elena de Brito asegura que cuando los médicos
y las enfermeras salieron de la habitación, y ella pudo ver
a su esposo, sumido en la inconsciencia, con hipotermia,
incapaz de hablar y ni siquiera de abrir los ojos, fue hacia
la papelera del cuarto y allí encontró, vacía, una ampolla
que, al someterla al análisis de médicos amigos, resultó ser
el continente de un antipsicótico. A partir de ese momento
Brito perdió el control de su condición de huelguista. No
pudo seguir llevando la cuenta de las dosis que ingresaban
en su organismo y de lo que salía excretado por la orina,*

publica *Tal Cual* la nota de Patty Fuentes Gimón.

A propósito del desesperante y desalentador cuadro, Elena
de Brito recuerda que suscribieron un comunicado los de la
Mesa de la Unidad Democrática, el cual conserva entre los
recortes de prensa que guarda a buen resguardo en la carpeta
infinita del caso.

*Discrepamos, desde luego, del modo como el gobierno ha
actuado en esta situación, así como de su política hacia la
propiedad rural. Pero esto va mucho más allá,*

da la cara a nombre de la MUD Ramón Guillermo Aveledo,
entonces su secretario ejecutivo.

*La situación por la que atraviesa Franklin Brito,
compatriota que ha sido capaz de someterse a un largo
sacrificio para defender sus derechos y los de su familia, es
una posibilidad de demostrar el sentido humanitario que
siempre nos ha caracterizado a todos los venezolanos, por
lo que hacemos un llamado a la sensibilidad humana de los
funcionarios, a la responsabilidad de las autoridades y a la
solidaridad de cada uno de nosotros. Venezuela no puede
dejar morir a Franklin Brito.*

Prelados católicos y políticos de oposición piden a Chávez que
no deje, bajo ningún respecto, morir a Franklin Brito, y que
acceda a revocar las cartas agrarias en manos de los vecinos
que solaparon su fundo, y sean reconocidas sus razones y
así resolver o acaso detener lo que parece inevitable. Hasta
un grupo de organizaciones civiles reunidas en el Foro por
los Derechos Humanos y la Democracia piden a la senadora
liberal colombiana Piedad Córdoba, aliada política de Chávez,
que intervenga para atender con prontitud y justicia el caso
del productor agropecuario. No se traduce en atención,
menos en solución, este intento.

*Esta es la prueba de que nunca fue un simpatizante
ni mucho menos militante de la llamada revolución
bolivariana,*

negará de nuevo Elena de Brito. No una vez sino varias acordó
aceptar la contraoferta gubernamental de que desistiera
de su protesta pública porque su caso sería atendido, y sus
tierras, devueltas. Iguaraya le pertenecía toda, esto no era una
suposición, un capricho o un desvarío, tenía los mapas y los
títulos. ¿Por qué insistir en ese error inconcebible? ¿Por qué
no fue resuelto el caso? Se decía entonces, se dice todavía.

Mi lucha servirá para denunciar los exabruptos cometidos,
y para que esto no le ocurra a ninguna otra familia
venezolana, por eso es bueno que todo cuanto me ha pasado
lo sepa el país; que quede consignado,

diría como proclama. El declive gradual deviene
despeñadero. Dos meses después, a seis días de su
cumpleaños número cincuenta, se va. Espera que llegue la
noche que, en efecto, llega.

Qué pena. Qué dolor y qué vergüenza da con los Brito.

33 | SIN ÉL, CON ÉL, ELLA

*Franklin ya no está, pero quedamos nosotros que también
estamos siendo víctimas de todo esto. Franklin no era el
único que estaba preso, estaba toda la familia,*

> alza su voz la corajuda Elena de Brito. Ha convivido con la
> dignidad, ella la representa. Ha convivido con la tenacidad,
> ella nunca se detuvo. La muerte del esposo la estremece, pero
> ella permanece de pie. En pie de lucha. Da a conocer entonces
> una exhortación que suscribe toda la familia:

*Hoy 30 de agosto de 2010 el agotado cuerpo de nuestro
esposo y padre, Franklin Brito, dejó de respirar. Tras una
lucha de más de seis años, nueve huelgas de hambre, la
mutilación de un dedo y haber sido víctima de una irregular
privación de libertad, el cuerpo de Franklin Brito dejó hoy
de realizar funciones vitales. Todo esto no significa, sin
embargo, que Franklin Brito ha muerto. Franklin Brito
vive en la lucha del pueblo venezolano por el derecho a la
propiedad, el acceso a la justicia, por la vida en libertad
y el respeto de los gobiernos a los derechos humanos,
colectivos e individuales. Franklin Brito deja de ser carne
para convertirse en símbolo y bandera para todos los
atropellados por la soberbia del poder, para los ofendidos
por la prepotencia de los gobernantes, para los que creen
que la verdad y la justicia están siempre por encima de
circunstancias y conveniencias.*

*El cuerpo de Franklin Brito fallece en la institución
militar donde lo mantenían retenido en contra de su
voluntad. El gobierno del presidente Hugo Chávez ignoró
su petición, el clamor de su familia y los llamados de los
organismos internacionales para permitir que tuviera*

*acceso a asistencia médica elegida por él mismo y, por
lo tanto, merecedora de su confianza. Por eso, la familia
Brito por ahora se abstiene de emitir opiniones sobre las
causas directas del deceso, en virtud de las insólitas e
inhumanas circunstancias que lo rodearon. Pero lo que sí
podemos decir desde ya es que la lucha de Franklin Brito
sigue. Nosotros, su familia, seguiremos luchando por el
patrimonio de sus hijos. Y su consciente sacrificio no será
en vano mientras los hijos de Venezuela estén también
dispuestos a defender el patrimonio físico y moral de la
nación.*

*En momento posterior, cuando el dolor nos lo permita,
emitiremos una nueva comunicación. Por ahora, sepa
Venezuela que a Franklin Brito no pudo vencerlo la
agresión, no pudo atemorizarlo la amenaza ni pudo
doblegarlo la oferta corrupta. Por eso y por mucho más, en
estos tiempos de muerte y dolor, Franklin Brito es símbolo
de decencia y vida. Estamos seguros de que el alma de
Franklin, desde el reino de nuestro señor Jesucristo, nos
seguirá iluminando.*

¡Porque su lucha, que debe ser lucha de todos, continúa!

Asido a la vida con amarras que parecían indescifrables, los cuervos de la noche lograron, al fin, desatar los apretujados nudos marinos que Franklin Brito trabó con maña. Hombre poco religioso pero espiritual, un alma a un cuerpo pegada, siempre se esforzó por llegar a lo hondo en materia de autoconocimiento y en la observación del comportamiento humano; en esas está cuando comienza el trance que compromete su vida; de hecho, sería miembro de una logia que se dedica al estudio de lo trascendente.

Mala hora de años para la que no consigue más antídoto en sus alforjas, golpe bajo que lo lastima con recurrencia, debilitado y alterado su biorritmo, su fisiología, su fuerza, se va en paz. Aunque la historia que lo ubica en el centro de los acontecimientos y por la que se convierte sin proponérselo en titán, y todavía hoy sigue irresoluta, luego de una agonía lenta, ardua y finalmente temida

—más de una vez, lo confieso, le dije que desistiera por mí, que no quería que me dejara sola, era mi temor—

esta *rara avis* del gentilicio nuestro descansa desde el 30 de agosto de 2010 junto al mar que ahora es todo suyo. Donde quiera que esté, tendrá libertad hasta la infinitud para vencer todos los tiempos, sin lapsos ni medidas, y no será la sal un embarazo que lo comprometa. Cristalizado, diluido, volátil, inmensurable, esencial será fertilidad, sendero, esperanza, señal, grano de arena, abundancia, entraña, patilla, canto, viento a favor, luz, semilla, un gran señor de alas enormes. Mientras su figura se esponja indetenible en los santuarios.

Trasladado a la capilla Monumental de la Funeraria Vallés, es velado durante todo el día y su noche, y allá van, a expresar

sus condolencias y abrazar a los deudos, los amigos —y
la prensa, y los políticos, y los curiosos, y los tibios, y los
comprometidos— que hacen guardia hasta el 1 de septiembre
cuando en caravana lo llevan a enterrar hasta Río Caribe.

*En cada pueblo del camino íbamos recibiendo los sentidos
pésames de la gente, un rosario de abrazos amorosos.*

Los carros no son demasiados pero la gente sabe quiénes van
en ellos y los hacen detenerse, y los Brito cada tres por dos
deben bajarse y dejarse apretujar por los brazos puntuales de
las contundentes condolencias. Los rodean y por la ventanilla
buscan a Elena para darle consuelo, *mis respetos*, le dicen
con admiración. Reconocen a Ángela, le dicen que la han
visto muchas veces en la televisión y la besan, también a
Francia, la mayor, dulce de espíritu. Apretones de mano a los
gemelos. Un ritual que toma el día entero, entrada la noche
llegan a Río Caribe, donde Franklin Brito se crio y vivió hasta
los dieciocho, amó el mar y nació el otro Brito, Luis, el genial
artista cuyas fotos son testimonio estremecedor del duro
itinerario de años del huelguista; los dos están enterrados en
el mismo cementerio.

En el pueblo los reciben los paisanos con cierta desmesura,
unos lloran, otros le cantan, en un jaleo confuso. Hay rezos
por el agnóstico, la capilla le dedica la homilía, es paseado en
un carro que devino carroza por las calles entristecidas hasta
que llega la hora de la despedida. Rito prolongado, historia
que también fue una contrariedad postergada, los restos de
Franklin Brito reposan desde el 2 de septiembre en aquel
territorio exultante, cacaotero, marino, cálido, luminoso de
árboles retorcidos por los caprichos de la brisa; es cualidad
de robles la riesgosa verticalidad. No, el cementerio no está
junto al mar, está dentro del perímetro del pueblo, más bien
cerca de la montaña. Eso refresca los vientos que soplan (pero
tampoco está muy lejos; si aguzas el oído oyes su rumor).

A Julio Osorio, fotógrafo cuyo ojo sensible aprendió de la mirada de Luis Brito, ahora frente a la tumba —por fin da con ella—, acaso le pasarán por la cabeza las conmovedoras fotografías de su maestro, las de la serie de los cementerios, esas expuestas, publicadas y celebradas de los monumentos sepulcrales coronados con ángeles que parecen ir camino al cielo, las de las esculturas aladas, y recordará, qué duda cabe, los retratos conmovedores que le hiciera Luis Brito, con su ojo enternecido ante aquella extrema flacura, que son acercamiento al dolor enquistado en los pliegues de la desocupada epidermis de Franklin Brito. Vendrá a su memoria el sufrimiento del colega a quien siempre estremeció la injusticia y la falta de belleza, y padeció con y por el huelguista que no era su pariente pero fue espejo del dolor y la injusticia patria, su quintaesencia. Luis Brito, al hacerle seguimiento a Franklin Brito y sus avatares, se lo hizo al horror del país. Artista hecho de vehemencia, como recuerda la periodista y su gran amiga Elsy Manzanares, *se quebraba, casi lloraba* por el paisano devenido filo, por el de la fisonomía convertida en desaliento, por el del cuerpo mermado que hasta última hora movió la voluntad, y él, Brito Luis, inmortaliza con aquella otra serie tenaz, fotografías-manifiesto, retratos de un hombre y su piel a una osamenta pegada, que da la vuelta al mundo y queda impresa para siempre en el imaginario colectivo como las del hidalgo caballero de la triste figura.

Julio Osorio no encuentra la tumba de Franklin Brito a las primeras de cambio, está sin nombre. Pero a la siguiente incursión, cuando al menos diez atentos lugareños —valga la redundancia— se muestran dispuestos a ofrecerle, además de una taza del delicioso chocolate artesanal que producen, lo ayudan a encontrarla. Al segundo día dan con la lápida muda, blanca, inmerecida.

El que cuida es chavista, a lo mejor no la cuida como es
debido,

> le dicen a Julio Osorio,

y no pudo evitar que le robaran las letras del nombre.

No tiene maleza, no tiene identidad; lozas blancas y flores, eso sí. En descargo a la vergüenza del injusto o estratégico anonimato convienen después los que han comentado a las primeras de cambio en que tal vez lo que ocurre, ah, es que quizá los deudos han preferido que no se reconozca dónde descansa para no darles pistas a los paleros, no sea que quieran venir como lo han intentado hacer ya y se pongan a hurgar entre aquellos huesos principales, templados de coraje.

Julio Osorio toma las fotos. También se trae las caras de la gente hermosa de Río Caribe que le dicen que el funeral fue muy bonito, que fue un adiós muy sentido, que el pueblo estaba sacudido. Que nadie se quedó en sus casas. Como ahora que salen todos a atenderlo. Que no llovió.

Alberto Arteaga Sánchez coincide con Reyna. Ambos defensores de la causa de Brito ante la Fiscalía y ante la Comisión de Derechos Humanos, no en el litigio por sus tierras comprometidas sino como voceros que asumen la última solicitud de la familia, trabajan juntos por que se investiguen las causas poco claras de su muerte —la virulencia que signó el ingreso y la forma de relacionarse con el huelguista, las condiciones poco higiénicas de la habitación a la que fue confinado, los derechos humanos violados, el aislamiento, el darle trato de preso— ocurrida en el Hospital Militar.

Feliciano Reyna, Carlos Ayala y yo,

añade Arteaga,

asumimos el último capítulo de esta historia increíble, cuando acompañamos a Elena de Brito a la Fiscalía General de la República en la fecha que va a elevar una denuncia sobre las condiciones cuando menos inciertas en las que tiene lugar la muerte de su esposo,

explica;

allí no es que no nos reciben: es que somos atacados de manera atroz por los mal llamados colectivos que nos rodean, empujan y amenazan, vaya contrasentido, en las puertas de la Fiscalía. Un episodio hostil, ilegítimo y antidemocrático protagonizado por gentes armadas y al margen de la ley, que juran, lo gritan sin ningún disimulo, que van a quitarnos la vida. Fuimos humillados por querer dar esa legítima batalla, que vale decir ahora mismo se libra en ámbitos internacionales, en la Comisión Interamericana de Derechos Humanos de la OEA,

evoca Arteaga Sánchez el espeluznante episodio.

*La justicia venezolana una vez más le falló a Franklin
Brito y, desde el punto de vista del derecho interno, las
instancias han sido agotadas. Por esta razón los herederos
del productor agropecuario deberán recurrir a diferentes
organismos internacionales de derechos humanos en busca
de la justicia que se les ha negado en el país,*

> reprocha el abogado Gonzalo Himiob, director del Foro Penal
> Venezolano.

*Hay varias opciones en estos momentos pero no aquí, por
cierto; internamente veo pocas posibilidades de respeto
a los derechos de Franklin Brito y de sus herederos.
Desde el punto de vista del derecho internacional,
nuestra recomendación es acudir primero a la Comisión
Interamericana de Derechos Humanos a denunciar los
tratos crueles, inhumanos y degradantes a los que fue
sometido hasta el punto que se le hizo perder la vida, a
través de una serie de medidas completamente arbitrarias
e inconstitucionales que se adelantaron contra él,
concretamente desde diciembre del año pasado hasta hoy,*

> que es exactamente lo que se está haciendo.

> Himiob cree a pies juntillas que con el traslado de Franklin
> Brito al Hospital Militar en Caracas se inicia una serie de
> violaciones al debido proceso, así como se incurre en un
> rimero de transgresiones contra la integridad física, psíquica
> y moral del productor agropecuario, por lo que se permite
> recordar que

*en la jurisdicción interamericana lo que se regula es la
responsabilidad del Estado; ya en una segunda instancia
habrá que acudir a buscar la responsabilidad directa y
personal de cada uno de los funcionarios involucrados en
todo esto, ante el Tribunal Penal Internacional,*

> explica.

*Yo quiero recordar que en situaciones como las que sufrió
Franklin Brito cuando era alimentado por la fuerza a través
de una sonda nasal que le llegaba hasta el estómago, ya
la comunidad internacional la había establecido como
una forma de tortura en situaciones similares que se
presentaron, por ejemplo, en la prisión de Guantánamo.*

El caso, pues, aún no termina, aunque la fiscal Luisa Ortega
Díaz haya considerado que con relación a Franklin Brito *no
hay caso*, aun cuando haya sido la historia una compilación
imparable de desafueros desde sus inicios y hasta su
fallecimiento sin precedentes en el país. Se intenta el borrón.

*Para el Estado venezolano las extrañas condiciones en las que
ocurre la muerte de Franklin Brito, bajo su tutela en el Hospital
Militar, no tienen relevancia jurídica y ni siquiera merecen una
investigación. Así lo ha dejado claro la última sentencia de la
Sala de Casación Penal del TSJ, la cual puso fin en el derecho
interno a la acción interpuesta por Elena de Brito ante la
Fiscalía General el 31 de mayo de 2011. Esta nulidad procesal,*

según explica el abogado penalista Alberto Arteaga Sánchez,

*además de impedir cualquier otra acción en el país, marca
un precedente importante en la actuación judicial pues
puede permitir que cualquier otra causa incómoda sea
desestimada en su totalidad sin indagación alguna.*

Hoy los Brito están convencidos de que en Venezuela no hay
más puertas que tocar; por tal razón, y todo lo sucedido,
la familia introdujo la demanda sugerida ante la Comisión
Interamericana de Derechos Humanos: para que se
investiguen las circunstancias que rodearon el deceso del
huelguista. Las denuncias aguardan por fallo en la Corte
Interamericana de Derechos Humanos.

*La relación individuo y sociedad debe estar regulada de
tal forma que ambas esferas tengan las condiciones para el*

progreso de las actividades humanas. En este contexto,

para el filósofo John Stuart Mill,

el único fin que justifica que la humanidad, individual o colectivamente, se entremeta en la libertad de acción de cualquiera de sus miembros es la protección del género humano,

cita Arteaga Sánchez.

Asunto deplorable y doloroso donde hoy por hoy queda mucha tela que cortar, provocará que distintas voces siguieran alzándose para clamar la justicia negada a Franklin Brito en vida ¡y después de su muerte! Así, la juez Lourdes Afiuni, entonces desde su infausta prisión —también le tocaría recorrer un viacrucis— es una que se preguntará:

¿Dónde está el juez que velaba por la salud de Brito? ¡Qué barbaridad! ¿Hasta dónde vamos a llegar?

Por su parte, el Foro por la Vida responsabilizará al Estado, a la fiscal general de la República, Luisa Ortega Díaz; a la defensora del Pueblo, Gabriela Ramírez; al presidente del Instituto Nacional de Tierras (INTI), Juan Carlos Loyo, y a los diputados oficialistas de la Asamblea Nacional, por la muerte del huelguista.

Expresamos nuestra más enérgica condena a las autoridades del Estado venezolano, quienes en vez de garantizar la vida e integridad de Franklin Brito y su familia, estimularon permanentemente la impunidad, haciendo uso desmedido del poder para tratar de doblegarlo en sus justas peticiones,

señalarían entonces voceros de la oenegé, a través de un comunicado.

Según esta organización,

la Fiscal General de la República es culpable por no

demostrar voluntad de instruir una investigación expedita
y transparente de las denuncias presentadas por la familia
Brito contra el INTI, solicitar una orden de traslado y por
ordenar su ilegítima privación de libertad en el Hospital
Militar.

Responsabilizan, asimismo, a la defensora del Pueblo,

*Gabriela del Mar Ramírez Pérez, por hacerse cómplice
de los actos violatorios de la dignidad de Franklin Brito,
demostrando una vez más que sus intereses están al
margen del mandato constitucional que la obliga a defender
los derechos humanos de todas las personas.*

Y considera el Foro que

*Loyo, por su parte, no facilitó la entrega de documentos que
formalizaran y explicaran las medidas de reparación por
los daños causados a la actividad productiva del biólogo, la
principal reivindicación por la que mantenía su huelga de
hambre.*

Asimismo, repudia que los diputados

*peseuvistas alentaran a los otros poderes públicos,
particularmente al Ejecutivo Nacional, para que no
resolviera por vía democrática los reclamos de la familia
Brito y se plegaran a la campaña de desprestigio contra el
productor agropecuario,*

así como denuncian la manera en que

*algunos medios de comunicación oficialistas abordaron el
caso, sin pizca de respeto, ni asomo de pluralidad:*

no dejan títere con cabeza.

*Sí, el Ejecutivo es responsable desde que le quitaron sus
tierras. El Ministerio Público es responsable desde que la
fiscal general de la República, Luisa Ortega Díaz, ordenó
que fuese trasladado contra su voluntad al Hospital Militar.*

*La defensora del Pueblo es cómplice porque confabuló
para presentarlo como un demente. El juez que llevó el caso
—Lenín Fernández— es responsable porque negó que se
cumpliera la orden del director del hospital de dar de alta
a Brito —el 1 de marzo de 2010—, así como también tienen
mucho que aclarar los diputados oficialistas,*

ratifica entonces el periodista, historiador y escritor Agustín
Blanco Muñoz, en *El Universal,*

*y acaso todos, todos le fallamos al huelguista por
nuestro no hacer. Yo también tuve que ver con la muerte
de Franklin Brito,*

asume con un texto que más que un *mea culpa* es un yo acuso.

A Brito no se le garantizó la vida, sino la muerte.

Según el entonces director de Provea, Marino Alvarado, su fallecimiento sería

consecuencia de una manera de gobernar prepotente, intolerante y que no acepta el diálogo como vía para resolver conflictos.

Muerte indebida, muerte que se produce en condiciones deplorables, muerte que es una bofetada a los tibios y a los incrédulos, al reiterado desdén de la justicia minúscula y a la actuación cobardona de los poderosos, muerte que interpela, y descoloca a los coléricos empoderados que, manual en mano, lo tildan de «campesino desclasado» y «vergonzosamente capitalista», muerte lenta y solitaria, no se trata, sin embargo, de una profecía autocumplida, aun cuando Franklin Brito anuncia en declaraciones a la prensa, más de una vez, y desde la convicción más inquebrantable, que llegará hasta el final, que no desistirá en sus demandas. Que esperará en huelga por la justa respuesta.

Luego de siete años aguardando a ser escuchado, luego de trazar sin descanso un periplo que le resulta devastador, en realidad viacrucis, procurando llamar la atención de funcionarios y organismos en las instancias reglamentarias sobre los hechos que lo afectan y devienen su causa, sus parcelas usurpadas y demás desmanes de los que es objeto, luego de tanto desoír sus buenas razones y luego que íngrimo se convierte en objetivo de un sistema que lo irrespeta, que lo invita a convenir —palmaditas en la espalda mediante— en que ciertos asuntos podrían ocultarse bajo la alfombra, Franklin Brito termina sus días transformado en la radiografía de un país vampirizado. Su esqueleto retrata la realidad hasta el hueso.

Epítome de la dignidad, emblema de fortaleza, hombre icono cuya consistencia ética lo encumbra como un venezolano fuera de serie, aspira no a que le den la razón a las primeras de cambio sino a que se investigue su caso, un recordatorio viviente de la injusticia patria, un vergonzoso boquete en la acontecida agenda de la identidad. No lo logra, tampoco lo han logrado sus familiares; por ahora. No se arredran. Toman el testigo y cierran filas. Son de la misma escuela de la persistencia. Circunstancia feroz y embrollosa a la que se suman más y más incoherencias y más y más truculencias, finalmente hace estragos. La no solución de los desbarros que se van arrastrando a medida que la patraña se robustece deriva en la desdicha que ocurre la víspera de su cumpleaños, cuando se apaga.

Pero aquel ciudadano perseverante y voluntarioso que se declara en protesta pacífica tendrá claro que no es una historia romántica la suya, aunque tenga visos épicos. No son molinos de viento sino cartas agrarias otorgadas por encima de la ley y contra su tierra, y una insalvable zanja cavada en sus narices lo que obstaculiza su camino. No es una fantástica novela de caballería sino una historia real y cruel la que protagoniza, empujado a la escena por el destino: nunca hubiera querido que se alzara ese telón. Causa de factible solución la que esgrime y la que, por ausencia de devoción por las formas y las normas por parte de las instituciones, se enreda en una madeja de desaciertos y descarríos, asombran, en contrapartida, tanto la naturalidad con la cual Franklin Brito, un agricultor que ha sido blanco de una aviesa expoliación, mantiene la frente en alto, e interpreta de manera impecable el papel de ciudadano consciente —y en resistencia, en protesta pacífica, y en desobediencia civil—, como la terquedad, más de las autoridades que suya, de

no admitir el error cometido y compensar oportunamente
el agravio, dentro de las posibilidades que estipula la
Constitución; no por atajos, o entre gallos y medianoche.
Son sus aspiraciones recuperar esa parte de sus posesiones
que fue olímpicamente otorgada a terceros, nada más y
nada menos que a sus vecinos colindantes, ante la mirada
atónita de los dolientes, ellos, y la impasible mirada de los
indiferentes, el país. Es ese no reconocimiento de semejante
arbitrariedad, es precisamente ese disparate jurídico
ejecutado en flagrancia y con el avieso fin, además, de
consumar un desquite, el punto de partida de un estropicio
monumental en el que se ve envuelto, y no por su gusto,
vale decir. Transgresiones que terminan convirtiendo los
hechos en un desmesurado pastel —la complicidad entre
los funcionarios equivale al polvo royal—, es el de Franklin
Brito un empeño titánico frente al inmenso iceberg de la
descomposición, y el caso, una vitrina pública, donde queda
expuesto, gracias a su lucha ejercida desde la convicción
pacifista, el quiebre del Estado de derecho. Y será la cúpula
artera de burócratas la que, sin ápice de pudor o de pena, la
que da la evidencia, con el gesto que la compromete, de que no
iba a hacer nada para evitar lo que pasó. Perturbado le decían
a Brito, y fue un perturbador. Cadena de entuertos, por donde
quiera que se asome Franklin Brito recibe un golpe. Duro
proceso, han quedado sus deudos en la inopia; años después
aún no se recuperan.

*Yo no pido nada más que se le dé soporte legal a todo lo
que ellos me dieron y que cumplan con todo lo que ellos
se comprometieron. No creo que les cueste nada hacerlo.
Si me dejan morir, entonces mi muerte demostrará que
Chávez es un asesino y un corrupto. Porque a él nada le
quita aclarar los actos de corrupción que se cometieron,
ya que él públicamente mandó a resolver los problemas
de mi fundo... Pero supongo que no quieren reconocer el*

error cometido ni mucho menos que se ventile nada para no manchar el nombre suyo, Hugo Chávez, es lo que imagino. Pero ¿cómo quedará su imagen, señor presidente, si yo me muero?,

deslizará Franklin Brito.

Seguramente por ello el alto mando bolivariano decide darle un escarmiento que sirve de advertencia a todos los osados y levantiscos que, ya saben, no habrá contemplación. En toda revolución el desacato a las disposiciones se paga hasta con la vida. Franklin Brito levanta el primer expediente contra el socialismo del siglo XXI autoproclamado como fórmula para la salvación-superación de las grandes miserias que carcomen esta sociedad,

escribirá en *El Universal* Agustín Blanco Muñoz. Franklin Brito entregó su vida, la hipoteca a favor de una causa, así como hipoteca lo poco que tiene, esperando que el presidente Chávez reparara las ofensas de las que fue víctima e hiciera valer sus derechos. Incluso, una vez que los nuevos adjudicatarios fueron desalojados de Iguaraya, el biólogo siguió en protesta. No podía aceptar que el ente que causó sus males no reconociera su error.

Lo que le cae encima es un fardo insoportable, una cruz, cuyo peso recargan el delirio, la irritabilidad, el descontrol que produce en los vándalos su inquebrantable tenacidad. Carnada para deleite de los peces gordos, cayapa de los perversos, el caso de Franklin Brito parece un homenaje a la barbarie, penosa cualidad que al decir de juristas y de medio mundo describe al poder venezolano; es, asimismo, un tributo al ribete kafkiano del que hace gala este trance histórico, precisamente llamado por sus oficiantes «el proceso», nombre que le viene al pelo a este mal hacer jurídico —y legal, y político, y administrativo, y humano— de los que se han aferrado a la silla en un pasmoso gerundio enredoso, desvergonzado y vivaracho.

Luego de tanto oprobio, engañifas, y de ser hospitalizado por fuerza en el Hospital Militar donde estuvo preso durante 252 días, como dice la familia, murió el 30 de agosto de 2010.

Realmente nunca hubo voluntad política para resolver este caso, que se ha debido manejar desde una mesa de diálogo desde mucho antes de llegar a estos extremos,

concluye Marino Alvarado, entonces coordinador de la organización humanitaria Provea.

Creyeron que era una impostura, se esforzaron en acosarlo, intimidarlo, intentando que desistiera, fue como una apuesta, no respondieron las autoridades con seriedad, con responsabilidad, con honestidad,

cree asimismo Rafael Uzcátegui, el coordinador actual de la históricamente comprometida oenegé venezolana.

Como diría el poeta Igor Barreto,

Franklin Brito hubiera podido escribir el verso de Celan: «Cavamos una fosa en los aires».

Parece que no fue suficiente el dolor vivido. Sigue drenando. Goteando.

Dios no nos abandonó nunca,

> dice contra todo pronóstico Elena de Brito, la creyente.
> Fe inquebrantable la suya, pese a todo lo vivido, y a la
> precariedad que persiste, y a la nostalgia, asegura que
> tiene razones para sentirse alentada; sus cuatro hijos son su
> orgullo, una bendición, la que les imparte

cada día el Divino Niño,

> de quien es devota. En la orfandad, y sin resentimientos o
> resquemores, así lo asegura, no solo entienden las razones
> de la decisión paterna, esa batalla librada por la dignidad en
> juego, la verdadera herencia que les deja a

los muchachos, por encima de la tierra sobre la que aún
pende la arbitrariedad.

> Los Brito sienten ufanía. Creen que ese sacrificio que
> asumieron como clan, trance que supuso la exposición de
> todos y les exigió un esfuerzo inmenso para sortear tantos
> escollos, compromiso que les acarreó tantas penas, los hizo
> fuertes y los hizo uno. Mosqueteros. Ahora alcanzan a ver la
> paradoja: contra viento y marea son esa familia cohesionada
> que, mientras aguardan por que se haga justicia, ven la imagen
> de su padre, ya un tótem, crecer como si le añadieran levadura.

Siempre tenía algo que enseñarnos, de los libros o de la
tierra, siento orgullo de que haya sido mi padre y nunca me
cansaré de decir que tenía razón; no se la dieron, pero la
tenía, y pensar que todo el horror que vivió y vivimos con
él pudo sortearse, yo digo que hubo demasiada maldad ¡a
niveles increíbles!... Esta historia resultó tan asombrosa,
tan inaudita, que más bien parece un invento... una película,

respira profundo Ángela Brito.

Referente de temple y ecuanimidad, se valdrá de tales
pertrechos para sortear tanto, mientras su familia, tan tenaz,
está consciente de la impronta genética que les tocó en suerte.

*Franklin tenía una especie de sabiduría natural. Siempre
parecía estar dos pasos más allá de los acontecimientos;
podía presentir lo que podía ocurrir aunque, en este caso,
la verdad es que la mala fe de los adversarios lo sorprendió;
por eso no tiró la toalla y actuó desde el deber ser sin
vacilaciones, y siempre contando con nosotros, porque
creyó que sucedería lo contrario a lo que sucedió.*

Hombre de espíritu inmensurable, según Elena de Brito,
sigue siendo una presencia en casa, inspiración, amor.

*Durante su gravedad y después que Franklin se fue,
también el Divino Niño ha estado cerca de nosotros, como
si quisiera acompañarnos, se ha hecho presente de muchas
maneras y es que se ha tejido una red de circunstancias que
no pueden ser meras casualidades,*

confiesa con una sonrisa amorosa, con dejo triste. Por
ejemplo, aquella exposición a la que llega de manera
impensada, en el estado Aragua, cuando ya están cerrando la
galería. Ella siente que

algo me jala, algo me dice que tengo que entrar,

y entonces se topa con aquella caricatura tan estremecedora
que había visto antes en *Tal Cual*, esa que ella quería y no
sabía cómo obtenerla, esa que la había conmovido tanto
y suscribe el artista Roberto Weil: el Divino Niño, *qué
casualidad*, terqueando con la bota que pretende aplastar a
un descarnado Franklin Brito.

*Entonces se lo cuento asombrada a una gran amiga que
también es muy fervorosa y, mira tú, ella me dice: ay, pero
Roberto es mi sobrino.*

Cree que Dios escribe verdades con letras torcidas. Amiga de las clarisas por siempre, prefiere, por otra parte, hablando de designios inexplicables, no opinar sobre lo que algunos creen que son más que coincidencias, circunstancias que no son para celebrar. Como las muertes que ocurren luego de la de Brito de gentes vinculadas al caso y que hacen que se persignen aquellos que con figuraciones alborotan el cotarro. Cuando habla de fe habla de esperanza, no de venganzas, ni siquiera justicia divina.

¿Cómo voy a saber yo de las razones que mueven a Dios
para hacer o no hacer qué?

Cierto es que Brito murió aferrado hasta el último minuto a la vida, y cierto que murieron a la vez, o cerca de la fecha, todos los que intentaron hacerle contrapeso, personeros involucrados en la puja. Quizá no sea fácil sobrevivir a tanto horror. Ni al que te infligen sin disimulo ni sutilezas, de manera contumaz, ni al que provocas impenitente y sin miramientos. Hay quienes se persignan.

El 5 de marzo de 2011 muere Lina Ron.

El 5 de marzo de 2013 muere Hugo Chávez.

El 25 de enero de 2012 muere Carlos Escarrá, exdiputado y quien ese año había sido promovido como procurador general de la República.

En abril de 2012 muere el alcalde del bolivarense municipio Sucre, Juan Carlos Figarella, en circunstancias terribles.

Dos motorizados que usaban cachuchas rojas, según reseña la prensa, le descargan cuatro o cinco disparos en plena vía pública. Se dijo entonces que él tenía vínculos afectivos con la hermana de un conocido pran que estaba preso en la cárcel de Tocorón, al que apodaban el Wilmito, que también murió. Figarella iba a abordar su camioneta cuando lo interceptan fatalmente. Al parecer querían robarlo, salía de una entidad bancaria de Ciudad Bolívar. Los atacantes, alias el Ramoncito y alias el Nano, fueron apresados. Así, tan vilmente, de manera tan fulminante, hace mutis de la escena la contrafigura del primer acto. Quién sabe cuál sería el último pensamiento que tuvo Figarella cuando fue emboscado, qué le pasaría por la cabeza,

quién sabe si tuvo tiempo de recordar lo que le dijo a mi papá: que no descansaría hasta verlo comiendo tierra y yéndose de Guarataro,

se lamenta Ángela Brito.

Pero la circunstancia no fue, para todos, infeliz o trágica. También a la vera de los acontecimientos se decretaron ascensos en las carreras de otros igualmente vinculados a la triste historia.

Acaso supuso la fortuna de Juan Carlos Loyo, exdirector del INTI, quien luego del jaleo fue nombrado ministro.

Asimismo, quien dijo que Brito había muerto por su propia terquedad, Elías Jaua, fue promocionado de exministro de Tierras a vicepresidente ejecutivo de la República.

Griselda Álvarez, de la dirección del plantel de Guarataro, ese del que despide a Franklin Brito, saldría seguramente encantada al puesto de supervisora de distrito.

Y el doctor Ángel Riera, director del Hospital Psiquiátrico de Caracas, voz clave a la hora de que Brito fuera internado en el Hospital Militar donde murió, fue bendecido con el nombramiento de director general de la red de hospitales del Ministerio del Poder Popular para la Salud.

Bendecidos por el Divino Niño y por Franklin. Nosotros nos creemos así, bendecidos, porque tuvimos el honor de haber sido acompañados en nuestras vidas por un hombre extraordinario, que sigue entre nosotros, desde donde esté.

Así lo sienten, en Caja Seca, Francia Anaís; en la frontera
con Brasil, Ángela Iguaraya; en Ecuador uno de los gemelos,
y en El Junquito, Elena de Brito, con el otro hijo, y el nieto,
Lisandro, que exhibe en su mirada despabilada y en la energía
que emana, unos nueve años intensos. No sabrá a ciencia
cierta los atributos de su ADN, pero jura que él sabe quién fue
su abuelo. Ha visto la foto. Era un bebé cuando la víspera de su
partida pudo Franklin Brito conocerlo. A Elena le encanta la
imagen: Lisandro en brazos del hombre exhausto, sequísimo,
el luchador tenaz, que se acurruca en el pecho al muchachito.
Sonríen ambos. Franklin, el ateo, le dice entonces a Lisandro
que Dios te bendiga.

Dios nos bendiga a todos.

Brito reclamó ante el Poder Ejecutivo, la Defensoría del Pueblo y tribunales agrarios y ordinarios, hasta llegar al Tribunal Supremo, por la medida que redujo su propiedad y la aisló con cartas agrarias sobre la vía de acceso al establecimiento. Al paso del tiempo demandó también compensaciones por los daños causados. Como no tuvo éxito, pasó a la protesta mediante huelgas de hambre que ocasionaron a su salud daños ya considerados *irreversibles* por médicos y familiares. He aquí el calendario de la dramática saga.

2004, 11 de noviembre. Luego de intentar realizar una protesta pacífica frente a la Vicepresidencia de la República, donde es maltratado, Franklin Brito, con su familia, da inicio a lo que será una pasmosa seguidilla de huelgas de hambre en la plaza Miranda. Protesta por los despidos injustificados de su esposa del Ministerio de Educación y el suyo, de una escuela pública en Guarataro, y por la expropiación de unos lotes de sus terrenos, circunstancias a las que no les prestan la debida atención en el estado Bolívar.

3 de diciembre. Una comisión de altos funcionarios le propone una reunión en Miraflores para llegar a un acuerdo y deja la protesta. Acude toda la familia. Concluye la huelga.

2005, 7 de julio. La solución ofrecida no llega y Brito convierte su cuerpo, cuerpo manifestación, en objeto-sujeto para su clamor. Se cose la boca; antes se ha amarrado a un árbol.

25 de agosto. Intenta sin éxito un recurso de amparo.

10 de noviembre. Ante las cámaras de televisión, se mutila el meñique izquierdo.

15 de noviembre. Tiene lugar un acuerdo parcial del gobierno con Brito, y se les reconocen las deudas salariales a él y a su esposa. El propio ministro de Interior y Justicia, Jesse Chacón, le asegura que será resuelto el problema de las tierras y a las pocas horas le entrega setenta millones de bolívares para resarcir los daños en el fundo invadido.

Pero las autoridades se rehúsan a entregarle a Brito documentos que explicasen las donaciones como compensación o reparación por los daños causados. «Si me los hubiesen entregado habrían reconocido que no resolvieron el problema cuando pudieron y así el presidente (Chávez) quedaría como una mala persona», según el productor.

2006, 24 de noviembre. Vuelve a la plaza Miranda.

13 de diciembre. El INTI asegura que no hay solapamiento en los terrenos, pero los vecinos beneficiados con los nuevos linderos levantan cercas para impedir que Brito pase a Iguaraya.

2007, 3 de julio. En vista de la rémora, consigna un recurso de amparo ante el Tribunal Supremo de Justicia donde le dicen que le darán respuesta a su solicitud al cabo de dos días. Se instala a las 11 de la mañana frente al edificio en huelga de hambre como medida de presión y a las 5 de la tarde obtiene la respuesta: el amparo es declarado inadmisible.

1 de agosto. A las puertas del TSJ hace otra huelga. Lo secuestran y le dan una golpiza.

2008. El gobierno decide otorgarle una serie de beneficios, pagos le dice Brito, para que retome la faena, vuelva al arado. Un tractor, semillas, hasta enseres domésticos recibe. *El rey de la patilla,* que así lo conocían, acepta con la ilusión de que también le darán por escrito el reconocimiento de la titularidad de sus tierras.

2009, 14 de abril. Brito el tenaz entrega dos comunicados con el mismo contenido, haciendo un recuento de lo sucedido y de sus peticiones, uno dirigido a la Presidencia de la República con copia al INTI.

2 de julio. El mismo documento lo envía a la sede de la Comisión de Derechos Humanos en Washington y se declarara de nuevo en huelga de hambre, frente a la sede de la Organización de Estados Americanos (OEA) en Caracas. La protesta suma 154 días, y el INTI se compromete a anular las cartas agrarias.

4 de diciembre. El Instituto Nacional de Tierras (INTI) emite un acto administrativo mediante el cual anula las cartas agrarias que comprometen los confines de los terrenos de Brito. Franklin Brito cree que la revocación de las cartas susodichas no es legal: nunca le entregan copia del documento, y se niega a recibir la indemnización que le ofrecen arguyendo que el procedimiento no transitó por los canales regulares. Vuelve entonces de nuevo a la huelga, frente a la OEA.

13 de diciembre. En operación comando, como si de Rambos se tratara, y el objetivo fuera atrapar a un delincuente furtivo, una treintena de efectivos de la Policía Metropolitana se presentan en las inmediaciones de la OEA y se llevan a Franklin Brito al Hospital Militar. El desconcertante traslado del huelguista se hace contra su voluntad. Voces de medio mundo se alzan para cuestionar la acción.

14 de diciembre. La defensora del Pueblo, Gabriela Ramírez, estima que por la condición mental de Franklin Brito no se puede permitir que prosiga en huelga de hambre. La fiscal general, Luisa Ortega Díaz, entiende que está inhabilitado, no tiene capacidades mentales, no puede decidir por sí mismo, ambas se guían por el informe del psiquiatra revolucionario Ángel Riera; por cierto que su evaluación es la única desfavorable de entre las nueve a que es sometido Brito, quien, según estos informes, usa a plenitud sus facultades mentales.

19 de diciembre. Por fin los familiares pueden ver a Franklin Brito. Él les dice que no se preocupen, que no lo dejarán morir.

27 de diciembre. Franklin Brito, el supuesto enajenado, envía una carta a la Comisión Interamericana de Derechos Humanos para que este organismo interceda a su favor y dicte una medida cautelar que le permitiera salir del Hospital Militar.

14 de enero de 2010. La Comisión Interamericana de Derechos Humanos (CIDH) otorga medidas cautelares a favor de Franklin Brito mediante las que insta al gobierno a que permita el acceso, tratamiento y monitoreo del paciente por un médico de su confianza.

1 de marzo. Franklin Brito anuncia que, en el Hospital Militar, hará de nuevo huelga de hambre argumentando que el INTI no ha cumplido con lo que prometió y que existen actos de corrupción en la invasión de su fundo.

5 de mayo. Brito suma 143 días de estar recluido en el Hospital Militar y 65 días de haber retomado su huelga de hambre. Se niega a recibir alimento e hidratación.

22 de mayo. Franklin Brito, de cuyo tratamiento en el Hospital Militar no informan a los familiares, exige que se legalice de una vez la titularidad de sus tierras. Su esposa, Elena de Brito, descubre que le aplican medicamentos recetados a esquizofrénicos.

5 de junio. Ángela Brito, hija del productor agropecuario, y vocera de la causa de Franklin Brito, transmite a la prensa que el estado de salud de su padre es muy delicado. Señala que Brito cumple ahora una huelga de sed que ha comprometido sus riñones.

8 de junio. Familiares y miembros de la sociedad civil solicitan al Tribunal 23º de Control que permita que personal de la Cruz Roja Internacional atienda a Franklin Brito, tal y como lo acordó la Comisión Interamericana de Derechos Humanos (CIDH) en las medidas cautelares otorgadas a favor del biólogo en enero.

12 de agosto. Brito radicaliza su huelga. Ángela Brito anuncia que su padre suspenderá la ingesta de suero, que solo tomará agua.

17 de agosto. Ángela Brito informa que el estado de salud de su padre es sumamente delicado, da cuenta de las condiciones precarias en que se encuentra.

20 de agosto. A partir de la fecha, Brito está en un coma inducido, en la unidad de terapia intensiva.

30 de agosto. A las 9 y media de la noche fallece Franklin Brito en el Hospital Militar de Caracas, el primer venezolano en huelga de hambre que llevó su protesta hasta las últimas consecuencias. Sus reclamos nunca fueron atendidos, nunca resueltos.

2 de septiembre. Tres días después que Franklin Brito muere en las condiciones de reclusión de la que nunca fue liberado, bajo el argumento de salvarle la vida, lo que, notoriamente, fracasó, y luego de transitar por entre tantos escollos en busca de la solución que nunca llegó, la Defensoría del Pueblo hizo público un informe en el que intentaba justificar sus actuaciones ante el caso, publicado por el *Correo del Orinoco* con este título: «Estado venezolano garantizó a Franklin Brito acceso a la justicia en el reclamo de sus peticiones». Brito era enterrado en Río Caribe.

2015, 10 de septiembre. Los guitarristas Rubén Riera y David de los Reyes ofrecen un concierto en el Centro Cultural BOD, en el que se estrena la *Elegía a Franklin Brito*, composición del músico David de los Reyes *en reconocimiento a su entereza y ejemplo de resistencia civil, es un tributo a la memoria de un valiente venezolano.*

Octubre. *El Nacional*: «El fundo Iguaraya, ubicado en la parroquia Guarataro del estado Bolívar, todavía está improductivo después de haberse cumplido cinco años, el pasado 30 de agosto, de la muerte de quien fue su propietario: Franklin Brito. El terreno está desolado y aún se mantiene la disputa con vecinos que lo invaden, solo que ahora el dueño es otro, su nombre es Carlos Torrealba».

FUENTES Y ENLACES

http://la-tabla.blogspot.com/

http://www.aporrea.org/ddhh/a107089.html

https://youtu.be/BQAJ8-dPlF4

https://youtu.be/p0KaZpjEPBU

https://youtu.be/a3my2qgJKVk

https://soundcloud.com/avideloseyes/elegia_a_franklin_brito

Cómo relata el periplo del huelguista y los abusos padecidos la Agencia Venezolana de Noticias.

Según la AVN, luego de la muerte de Franklin Brito

a consecuencia de su deterioro físico por un prolongado ayuno voluntario, los medios nacionales e internacionales se han dedicado a reproducir una serie de mentiras sobre su caso para desacreditar al gobierno venezolano y plegarse a la campaña de la oposición a los comicios parlamentarios del próximo 26 de septiembre.

La primera *mentira* es que el gobierno nacional expropió al productor agropecuario y por esa razón, Brito procedió a iniciar su huelga de hambre. Hace siete años, la revolución campesina de Chávez confiscó las tierras de Franklin Brito en el estado de Bolívar, reza una nota publicada este martes por *El Mundo* de España. Sin embargo, la verdad es que Brito *no era propietario legítimo de los terrenos que decía poseer* y fue en el 2003 cuando el gobierno bolivariano le entregó al agricultor la titularidad de 290 hectáreas productivas del fundo La Iguaraya.

La segunda falsedad es que

los requerimientos de Brito nunca fueron atendidos por el gobierno de Hugo Chávez, tal como asegura el grupo editorial español ABC.

Cada uno de los reclamos que hizo el productor agropecuario recibió respuesta de las instituciones del Estado venezolano. En 2003, cuando Brito inició su primera huelga de hambre para denunciar

la supuesta invasión de sus terrenos,

una comisión del Instituto Nacional de Tierras (INTI) acudió a sus predios para practicar una inspección en la que fue descartado el solapamiento. En 2005,

el INTI ratificó la propiedad privada de Brito

al otorgarle el registro agrario correspondiente y verificó nuevamente *que no existiera solapamiento* alguno con los documentos de sus vecinos. No obstante, Brito apeló ante las instancias judiciales pero su requerimiento fue declarado sin lugar al comprobarse que disfrutaba plenamente de las garantías de propiedad de sus tierras. La respuesta del productor agropecuario fue mutilarse un dedo ante las cámaras de televisión. Al año siguiente, Brito introdujo un recurso ante un juzgado superior que fue declarado inadmisible. Se designó al presidente del INTI, Juan Carlos Loyo, para que atendiera el caso, y al poco tiempo

se le abrieron nuevos caminos de acceso a su finca para evitar las disputas con los vecinos,

y se acordó el mejoramiento de cercas, alcantarillado, entre otros beneficios a las tierras de su propiedad.

En 2007, la Sala Constitucional del Tribunal Supremo de Justicia conoció el caso y comprobó que no existían los elementos alegados por el ciudadano (...) en cuanto al solapamiento de tierras y violación de propiedad. En 2008, ante una nueva huelga de hambre y la inminencia de su muerte, el gobierno bolivariano envía al presidente del INTI a prestarle asistencia a Brito para atender el llamado de revocatoria a los títulos de propiedad a sus vecinos. Ese mismo año el gobierno nacional decidió otorgar de manera gratuita un tractor y una rastra,

reparó su vehículo, donó insumos agrícolas y deforestó cuarenta hectáreas de sus tierras. A esas alturas, a pesar de que

*el gobierno venezolano había atendido a todas sus
solicitudes,*

Brito inició otro ayuno voluntario en agosto de 2009 a las
puertas de la Organización de Estados Americanos (OEA).

La tercera mentira es que Brito fue «secuestrado» por los
organismos del Estado, según declaraciones de sectores
opositores representados por prófugos de la justicia como
Óscar Pérez.

*El supuesto «secuestro» fue una medida que tomó el
Ministerio Público para garantizar la vida del agricultor,*

quien seguía con su severo ayuno aunque el gobierno
bolivariano, por razones humanitarias,

ya había revocado las cartas agrarias de sus vecinos.

A finales de 2009, se emitió la medida de amparo mediante la cual

*se trasladó a Brito hasta el Hospital Militar Doctor Carlos
Arvelo, en el que recibió los cuidados necesarios para
mantenerse con vida a pesar de su decisión de no ingerir
ningún tipo de alimentos. La acción fue reconocida y
aplaudida por organismos internacionales como Naciones
Unidas, la Cruz Roja, la Media Luna Roja, la Organización
de Estados Americanos, la Organización Panamericana de
la Salud (OPS) y la Organización Mundial de la Salud (OMS),
cuyos representantes asistieron en el mes de junio a una
reunión en Caracas*

con el vicepresidente ejecutivo de la República, Elías Jaua, y el
canciller venezolano, Nicolás Maduro, para conocer el estado
de salud de Brito.

*Nunca había visto a un Estado tan preocupado por la
defensa de los derechos de un solo hombre como ha sido
con el caso de Franklin Brito, fue la consideración que
hizo el coordinador residente de Naciones Unidas en*

Es así como se leen titulares como «Brito fue víctima de las políticas agrarias del gobierno», «A Franklin Brito se le garantizó su muerte», «Estado privó a Franklin Brito ilegalmente de su libertad» o «Muerte de Brito refleja inacción del Estado en DDHH».

Ernesto Tovar explica en su artículo de *El Universal* que «con la venia del gobierno que incentivó la "lucha contra el latifundio", la recuperación de tierras se tornó en muchos casos en conflictos por invasiones sin control desde 2003, que afectaron decenas de fundos y fincas productivas». Los efectos de la Ley de Tierras y Desarrollo Agrario se evidenciaron a poco tiempo de su publicación en Gaceta Oficial. Luego de cinco años de vigencia, tales acciones se evidenciaron en procesos de rescate en 373 predios, de veintidós estados del país.

Elena está cerca, no le puedo decir nada, la escucho, oigo a Ángela. No es la primera vez que caigo en este remolino, que siento este vértigo, los veo a todos, los gemelos, Franklin José y José Franklin, qué guapos son, y Francia, y mi nieto Lisandro, ay, no lo veré crecer. Ahí vienen, me inyectan, se van, hace frío, fueron nueve las huelgas, fueron muchos los golpes, qué ocurrencia esta la de estar sin comer, sin probar alimento, los olores me recuerdan a los sabores, recuerdo tus besos, Elena, hace tiempo que no sé de tu boca, ¿recuerdas cuando nos casamos? Estás igualita de hermosa, hace tres días cumplimos aniversario, pero no creo mi querida Elena que llegue al 5, a mi cumpleaños. Ojalá que Iguaraya vuelva a nuestras manos, necesito ahora mismo tu mano, Elena. Ven, me siento solo. Quiero que todos estén aquí. Los amo. Espero que tengan una vida honorable. Que salgan adelante. No los dejo solos, siempre estaré cerca, quiero decírselos. Hay que luchar por tanto todavía, por todo... Ojalá Venezuela sane, triunfe la justicia, la decencia, sepamos hacerlo, merecemos un destino mejor, de luz, esa que desaparece, esa que veo ahora, esa que siempre se anhela. Me duele todo, el costado, la garganta, los riñones, la espalda, la piel. No puedo hablar, no tengo fuerzas, no tengo miedo, vuelo, me levanto, me veo delgadísimo allí tendido, no es mareo, es otra cosa, no, no lloren, no lloren, aquí estoy, siempre estaré, me voy, pero no del todo, les digo adiós, no sé por cuánto tiempo, muero.

UNO (EJERCICIO NARRATIVO)

José Balza

El país, «con su habitual frivolidad», observa los actos que protagoniza este lúcido campesino cuyo relato nos devuelve la pluma maestra de José Balza; actos que culminan con su muerte tras la huelga de hambre y el solo aparente triunfo del déspota. El lúcido campesino es Franklin Brito, inscrito para siempre en la memoria y en la tierra.

1.

Afuera la corte de ministros, secretarios, negociantes, diplomáticos, generales. En su vasto despacho, solitario por unos instantes, alguien —cosa rara— observa la pantalla, siempre encendida. Normalmente es él quien luce desde ella. Ha tenido el impulso de captar la noticia de manera directa; de no perder el último placer que obtendrá del caso: transmiten la muerte del campesino que ha desafiado su poder con una huelga de hambre. Casi un esqueleto, aquel hombre, antes fornido, se volvió una paradoja para la grandeza del mandatario. Lo sacan del hospital y familiares, amigos, una verdadera multitud, según permite vislumbrar la cámara, lo recibe.

Este alguien va a dar la señal cotidiana para que entren todos y repetir sus vacías menudencias. Espera unos segundos, golpea con dureza el escritorio. Es completa su satisfacción.

2.

Como siempre, siguió el impulso: el viento mueve con suavidad los árboles y el sonido de las hojas acaricia. El mundo es un cambiante volumen verde que surge desde la tierra y ofrece su tacto al cuerpo. También el sol hace crecer los pectorales,

las verijas, todo. El muchacho ha corrido desde su casa hacia el
boscaje intenso. Sudan el pecho y las axilas. Se detiene entre la
fronda bajo el gigantesco algarrobo. Pero esta vez apenas tiene
tiempo de mirar la luz filtrada en la altura. Abre la bragueta
y con solo un leve movimiento alcanza el orgasmo que lo
maravilla, lo estremece, lo entrega. Ha flotado por segundos
pero ya la tierra fresca, la amante milenaria, lo acoge de nuevo.

3.

Igual que su padre, nunca se ha movido del pueblo, tan
próximo a las pequeñas montañas de roca roja como a la
sinuosa cercanía del mar. A medias pescadores y a medias
vendedores de frutas, traídas por otros campesinos desde
montes lejanos, él y sus hermanos viven a diario la experiencia
del trabajo y de asistir a la pequeña escuela, como lo han
exigido sus padres.

Por eso, pasados los años, a nadie extraña que, mientras
sus hermanos ya van estableciendo familias propias, él
haya elegido partir a la gran ciudad para estudiar en una
universidad. De acuerdo con el padre realizará cursos para
desarrollar un viejo proyecto: adquirir aquellas tierras que
marcan el límite de la población y cosechar y producir, para
el bien de la localidad, para mejorar la vida familiar, pero con
métodos actuales.

Estuvo ausente por algunos años, volviendo solo en
vacaciones. Logró su profesión sin dejar de trabajar; también
la compañía de una esposa fresca y decidida a cultivar
la tierra. Se han cuidado de tener hijos y en cinco años,
ahorrando sin cesar, pueden solicitar al banco un préstamo.

Las amadas hondonadas fértiles, el bosque de algarrobos, son
ahora suyos. Un documento oficial lo garantiza. Y el proceso
de siembra —calculados los ciclos, las estaciones de lluvia y

sequía, la capacidad del suelo, las necesidades alimenticias de la región— desemboca en modestas ganancias, pero en posibilidad de trabajo para una decena de hombres y mujeres.

Con ellos, él va compartiendo los resultados. Algunas nuevas casas en los alrededores muestran el apego y el éxito de todos.

En medio de ese equilibrio mueren sus viejos padres; alguno de sus hermanos también trabaja en las hectáreas verdes. Y su mujer ha resultado el alma de la colectividad.

Ya él no es aquel muchacho delgado de la pubertad. Sólido y grueso, como sus hermanos, extiende salud. Nunca sabe cuándo le ocurrirá (y puede ser estando solo en casa, recorriendo los surcos sembrados junto a otros hombres o en medio del abrazo con que su mujer lo recibe), pero cada tantos meses regresa esa sensación, lo envuelve la clarísima impresión de que su cuerpo se anuda con la tierra y la vegetación, de que algo sale fuera de sí y acude a ellas, como en éxtasis, como placer innombrable, hasta dejar en silencio todo recuerdo. «Es —trató una vez de explicarlo a su esposa— un vacío lleno de alegría, una circulación entre mi sangre y la de las matas, el verdor de la tierra hecho sangre».

Nada excepcional por otra parte, porque así como surge desaparece la emoción y ni un detalle de su conducta podría revelar a otros que ese vínculo adquiere consistencia. En ocasiones ni siquiera él mismo lo advirtió hasta que en la noche, cansado y ya dispuesto al reposo, comprende que horas antes se le atravesó la materia de su mundo en la cabeza. Y entonces puede sonreír o reír un poco, alentado.

4.

Ahora surge un gobernante elegido —también por él— que ofrece cumplir sus promesas de justicia al país. Cuanto fue abandonado o descuidado en las décadas recientes se convierte en objetivo de novedad social. El país del petróleo estéril pasará a ser el de la igualdad y la riqueza útil. Marginales, etnias, obreros, campesinos serán la nueva flor del mundo. Un vendaval de esperanza sacude a la sociedad.

Y el remoto agricultor se entusiasma al vislumbrar la posible recuperación de campos y pueblos olvidados. Comienza a trabajar con vecinos y a estimular en ellos acciones para obtener un desarrollo saludable.

Pero el alto gobierno hace un giro en sus perspectivas: en lugar de trabajo democrático y logros locales decreta rígidas y anticuadas leyes para absorber lo que debe ser independiente. La ambigua palabra «revolución» es tañida para fingir justicia y es el propio gobierno con sus ministros, con sus militares y todos los poderosos del partido quien subsume las posibilidades individuales de trabajo.

El bosque de los algarrobos y las tierras cultivadas pasan súbitamente a ser expropiados: pertenecen de manera violenta a una demarcación voraz, mayor, que los incluye como parte de una inmensa posesión estatal.

Él conoce sus derechos y el valor de sus documentos legales. Y en el fondo, el trabajo cumplido durante años no ha sido más que una manera libre de convertirlo en justa misión. Confiado acude al ministerio respectivo para reclamar y aclarar la situación. Es atendido con prontitud pero pasan las semanas y su caso sigue relegado. Acude a los nuevos dirigentes de la vasta extensión oficial dentro de la cual yace su territorio. Muchos de ellos fueron formados y entrenados por él para defender sus labores. Alguien lo escucha con atención y le promete intervenir. Otros lo miran con sarcasmo, como si apenas lo hubiesen conocido.

Asiste a la televisión y la prensa. En la medida en que su reclamo toma relevancia, el silencio o las burlas de los dirigentes gubernamentales aumentan. Con los meses avanza la desposesión: llegan grupos de gente que ignoran la vida del campo, utilizan los productos ya recogidos o los dejan deteriorarse; son sustituidos por nuevos grupos, más desinteresados en el cultivo. En un año la ruina recorre los terrenos. Así como vinieron desaparecen los enviados. Van a ocupar otros lugares.

Cartas, un abogado, conversaciones con políticos, entrevistas: no hay solución. Y para colmo, desde el poder se insinúa que el reclamante es un inadaptado, que padece de obsesiones y pudiera tener algún mal mental. Su mujer y algunos amigos lo acompañan en la compleja situación. Él solicita hablar con el presidente; no lo logra.

5.

Aunque ha conservado su casa no puede recorrer su tierra ni el bosque cercano a ella. Gente armada lo vigila. Pero una madrugada escapa y atraviesa los montes. Muy lejos bate el mar y desde alguna carretera viene el rápido eco de gandolas y de música sucia. Sin embargo, su oído se ajusta al invisible tejido de los pájaros: desde el menudo y agudo vibrar hasta el lánguido canto, bajo y duradero, como un trazo. La sombra palpita en ese rumor. Él se ha detenido bajo un tronco poderoso y se recuesta en sus raíces. Un cuerpo vegetal más dentro de la seca humedad. Creyó que su ansiedad provenía de la vigilancia que atenaza su casa y es así; de la impotencia ante el absurdo silencio contra su justo reclamo; de la simple y humana fe con que defiende su propiedad; creyó que escapar y correr ahora dentro del matorral lo calmaría. Pero a medida que se inclina un poco más y su cuerpo pasa del recio tronco al suelo, como si quisiera dormir en la tiniebla, su corazón se acelera: advierte que todo eso importa mucho, importa porque ha sido su destino, un destino hecho por sus manos, día a día;

pero que lo más valioso y exigente está adherido a su cuerpo en este instante: la tierra misma.

Y comprenderlo empieza a serenarlo: por sus venas pasa el rumor de la noche; la tierra y el bosque respiran como él, con silenciosa expectativa. Se pertenecen más allá de cualquier otro mandato. Y entonces lo sabe: la tierra le pide su vida.

El momento es suyo pero también de todos los hombres como él.

6.

Al amanecer dejó de beber y de comer. Con su abstinencia desafía los poderes, la ley de la revolución. No hay en su conducta delirio ni espectáculo: requiere la devolución de su territorio, la aplicación de justicia, la defensa de la dignidad. El país entero, con su habitual frivolidad, se entera de su demanda: para algunos es un mártir, para otros una caricatura televisiva. El jefe de la revolución también sigue las noticias del caso, pero nunca responderá, para este es un simple campesino desleal que desobedece a su poder, lo reta. Y es necesario someterlo.

Después de meses y de mil humillantes horas, el hombre, prácticamente convertido en un lúcido esqueleto, muere de hambre.

7.

El otro acaba de verlo por televisión y sonríe triunfante. Ya van a entrar al lujoso despacho sus cortesanos para cumplir con él una rutina más.

San Antonio de Píritu,
30-31 de octubre, 2011.

CARACAS La familia reiteró que continuará la defensa de su propiedad

Falleció Franklin Brito tras siete años de lucha

El productor agropecuario murió anoche en el Hospital Militar de un paro cardíaco

DANIELA NOUGUES
dnougues@el-nacional.com

El productor agropecuario Franklin Brito, de 49 años de edad, falleció anoche en el Hospital Militar tras sobrevenirle un paro cardíaco. Su esposa Helena Rodríguez de Brito confirmó la muerte vía telefónica. Contó que los médicos tratantes le notificaron sobre el estado crítico en que se encontraba su esposo, poco antes de las 9:00 pm.

"Nos avisaron cuando los aparatos a los que estaba conectado mi papá comenzaron a indicar su gravedad. Intentaron revivirlo, pero no pudieron hacer nada, ya era muy tarde", señaló Francia Brito, hija del productor.

La familia Brito Rodríguez emitió anoche un comunicado, el cual fue publicado en Twitter, en la cuenta @radardebarrios. "El cuerpo de Franklin Brito muere en la institución militar donde lo mantenían retenido en contra de su voluntad. El gobierno del presidente Hugo Chávez ignoró la petición de Franklin, el clamor de su familia y los llamados de los organismos internacionales para permitir que tuviera acceso a asistencia médica elegida por él mismo y, por lo tanto, merecedora de su confianza.

La familia Brito por ahora se abstiene de emitir opiniones sobre las causas directas del deceso, en virtud de las insólitas e inhumanas circunstancias que lo rodearon", dice el documento.

La esposa y los cuatro hijos del productor agropecuario reiteraron en el texto que la lucha de Franklin Brito continúa. "Nosotros, su familia, seguiremos luchando por el patrimonio de sus hijos. Y su consciente sacrificio no será en vano mientras los hijos de Venezuela estén también dispuestos a defender el patrimonio físico y moral de la Nación", señalaron.

El pasado 22 de agosto los parientes de Brito advirtieron que sólo le funcionaba un pulmón, por lo que los médicos le practicaron una intubación, su estado de salud era crítico. Ese día le exigieron al Presidente que solucionara el problema. "Él sabe que la vida de Franklin Brito está en sus manos" dijo Ángela Brito.

Defensa de la propiedad. La lucha de esta familia comenzó en el año 2003, cuando le invadieron su fundo en el estado Bolívar y el Instituto Nacional de Tierras repartió unas cartas agrarias dentro de los linderos de su terreno. Franklin Brito realizó en 2004 dos huelgas de hambre, una en la Plaza Miranda y otra en el TSJ. Se cortó un dedo y denunció su caso en diversas instituciones del Estado.

En 2006 el presidente Chávez se refirió al caso en sus programas dominicales, le ordenó al ministro Jesse Chacón que ayudara al productor, quien era biólogo de profesión y docente en un liceo de la región. La familia recuperó su fundo. Le entregaron enseres y 150.000 bolívares en dos cheques, pero Brito consideró que la indemnización era ilegal.

Además no le revocaron las cartas agrarias que estaban sobre su terreno.

En 2007 acudieron al TSJ para solicitar un recurso de amparo, pero la Sala Constitucional lo declaró inadmisible.

El 2 de julio de 2009 inició una huelga de hambre en la sede de la OEA, en Caracas. Luego de 154 días de ayuno, el productor agropecuario suspendió la huelga y fue internado en el Hospital de Clínicas Caracas. Puso fin a la protesta luego de que el INTI dijo que revocaría las cartas agrarias que había otorgado a dos vecinos del hacendado.

Después de una semana, Brito se apostó nuevamente en la OEA para retomar la huelga debido a que no se hizo oficial la revocatoria de las cartas agrarias.

El 14 de diciembre de 2009 fue trasladado al Hospital Militar en contra de su voluntad.

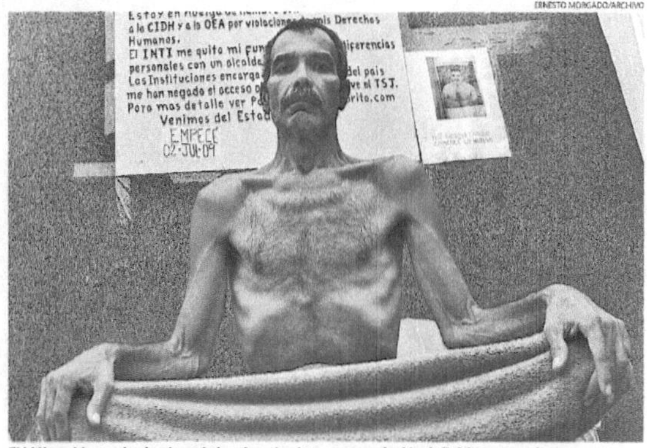

ERNESTO MORGADO/ARCHIVO

El biólogo hizo varias huelgas de hambre sin obtener una solución definitiva a su reclamo

23 de agosto de 2007

29 de octubre de 2009

4 de diciembre de 2009

18 de febrero de 2010

ÍNDICE

SEÑAS PERSONALES

Caraqueña por vocación y nacimiento, el 24 de julio,
Faitha Nahmens Larrazábal es periodista por la UCAB y
asistente de preescolar por la Simón Rodríguez. Ha trabajado,
entre otros medios, en *Tal Cual,* revista *Producto* y las revistas
Exceso y *Cocina y vino,* escuelas de periodismo investigativo,
y ahora mismo escribe para www.eneltapete.com y es
colaboradora de *El Diario de Caracas* y *Prodavinci* sobre
temas urbanos, culturales y políticos. Conductora, guionista
y productora de *Caracas vuelta y vuelta,* un programa de
radio dos veces premiado por la Cámara de Comercio de
Caracas, ha sido invitada a charlas sobre y para Caracas, así
como a participar con varios textos en los libros antológicos
y colectivos *Carne y hueso* y *Periodismo en su tinta* y suscribe
el libro de entrevistas *20 testimonios: Colombia y Venezuela*
editado por la Fundación para la Cultura Urbana. Estilo
escritural particular y activista de la ciudad y enamorada de
ella, obtuvo el premio Periodismo y ciudadanía que otorgan
conjuntamente la Escuela de Artes de la UCV y el Museo de
Arte Afroamericano de Caracas en 2018.

Este libro se terminó
en el mes de agosto de 2020,
año en el que se conmemorará
el décimo aniversario de la
muerte de Franklin Brito.
En su composición se utilizó
la fuente tipográfica
Versailles LT Std.